Eberhard Apffelstaedt

Finnen? Finnen!

EBERHARD APFFELSTAEDT

FINNEN? FINNEN!

Wie sie leben – und leben lassen.
Wie sie sprechen – und schweigen.
Wie sie essen – und trinken.
Und wie sie Auto fahren ...

HEINER LABONDE VERLAG

© Heiner Labonde Verlag, Grevenbroich 2009
Alle Rechte vorbehalten
Titelbild: Eberhard Apffelstaedt

ISBN 978-3-937507-20-0

Gestaltung: Antje Zerressen, Pada ri Werbeagentur GmbH, Essen
Printed in Germany

Inhaltsverzeichnis

Vorwort

Liebe Leserin, lieber Leser,

nach Finnland zu reisen, ist ein besonderes Erlebnis. Nun könnte jemand sagen: »Na und ... Das ist doch jede Reise in ein fremdes Land!« Stimmt! Und dennoch bleibe ich dabei: Nach Finnland zu reisen, ist was Besonderes. Sie glauben das nicht? Sie werden sich noch wundern ...
Finnland ist ein Land voller unerwarteter Sitten, Lebensgewohnheiten, Bräuche, Begebenheiten. Und damit meine ich nicht nur den Elch, der Ihnen völlig ungeplant über den Weg läuft. Das Ungewöhnliche fängt schon viel früher an: bei den Menschen nämlich und deren Sprache zum Beispiel. Oder bei den durchaus individuellen Umgangsformen, die – zumindest teilweise – in Finnland gepflegt werden. Nicht zuletzt bei den für unsere mitteleuropäische Gaumen – wenigstens bisweilen – eher fremdartigen leiblichen Genüssen. Dieses Buch beabsichtigt, Ihnen die spannende, reizvolle Lebensart der Menschen ein wenig nahezubringen, die dort »oben« im Norden bei kurzen, aber durchaus heißen Sommern und langen, schneekalten Wintern ihr Dasein fristen. Beim Lesen der oft mit einem Augenzwinkern, gelegentlich aber auch mit (fast) ernster Miene verfassten Zeilen mögen Sie die liebenswerten Schrullen und das doch sehr »eigenständige« Denken der Finnen ein wenig kennen und verstehen lernen. Ich hoffe, dass Sie dann das gleiche Gefühl für dieses Land und seine Bewohner entwickeln, das ich habe: eine mit einem liebevollen Lächeln und mit Respekt verbundene Zuneigung.
Sie werden in diesem Buch vergeblich nach allen möglichen Adressen von mehr oder weniger hilfreichen Einrichtungen,

Institutionen und dergleichen suchen. Auch die allbekannten touristischen Sehenswürdigkeiten werden hier nicht in epischer Breite dargestellt. Für diese Informationen gibt es eine Fülle von hervorragenden Reiseführern, ganz zu schweigen von der unendlichen Informationsflut des Internets. In diesem Buch geht's mehr um das, was den Fremden die finnische Seele und ihre Schwingungen nachempfinden lässt. Denn letztlich macht das die Einmaligkeit und das Faszinierende einer Nation und ihrer Menschen aus.

In diesem Sinne wünsche ich Ihnen Spaß und gute Unterhaltung beim Lesen und viel, viel Freude bei Ihrem Besuch der Finnen und ihrer Heimat.

Ihr

Eberhard Apffelstaedt

Appetithäppchen

Um einen ersten Eindruck von finnischer Mentalität und Lebensart sowie finnischem Humor zu geben, sei eingangs eine Episode erzählt. Ich erlebte sie mit einem meiner besten (und das ist nicht ironisch gemeint!) Bekannten in Finnland.

Es liegt schon viele Jahre zurück, als ich zu meinem langjährigen finnischen Freund Matti fuhr. Matti wollte mir sein erst kurz zuvor erworbenes Sommerhausgrundstück vorführen. Immerhin hatte er es geschafft, als erste Baumaßnahme – wie in Finnland üblich – schon die Sauna zu errichten.

Nach einigen zwanzig Kilometern Herumirrens auf schmalen Sandwegen, mit ausgiebiger Erforschung unendlicher Waldungen und ausgedehnter Sümpfe, obwohl ich – meiner Überzeugung nach – exakt Mattis Wegbeschreibung gefolgt war, langte ich schließlich doch bei ihm an. Von meiner Odyssee durch die finnische Wildnis blieb er unbeeindruckt, vertrat unbeirrbar den Standpunkt, seine Wegschilderung sei einwandfrei. Nicht zu übertreffen an Deutlichkeit. Völlig unmöglich, sich damit zu verfahren. Zumal schon an der Weg-Einmündung von der »Hauptstraße« (eine ca. drei Meter breite, von Löchern übersäte und ausgefahrene, unasphaltierte Piste) in fünf Kilometern Entfernung ein Schild mit seinem Namen stehe. Dass ich mich verirrt hatte, war nur meinem unterentwickelten Orientierungsvermögen zuzuschreiben.

Heutigentags, nach vielen Jahren »Erforschung« finnischer Mentalität und Er-Fahrung (im wahren Sinn des Wortes) insbesondere finnischer Wegbeschreibungen zu Sommerhäusern, ist mir klar, dass Matti Recht hatte: Seine damaligen Hinweise waren wirklich eindeutig. Mir als tumbem Deutschen war halt nur nicht klar, dass seine Aussage: »Du fährst dann das erste Weg rests (rechts), wenn Du von das große S-traße runter bist«, die ersten drei rechts abzweigenden Wege ausklammerte. Und zwar völlig einleuchtend: Der erste rechts abgehende Weg führte nach etwa zweieinhalb Kilometern direkt in einen Sumpf mit reichlich Wollgras – der war also zu vernachlässigen. Der zweite rechts führende Weg ging direkt hinter einem riesenhaften Findling im Wald ab. Erst, wenn man schon vorüber war, konnte er bemerkt werden. Und auf dem dritten kam man zum Sommerhaus eines Nachbarn, den Matti nicht leiden konnte: weil der beim Eisangeln im Winter grundsätzlich mindestens einen Fisch mehr gefangen hatte als alle anderen. Logisch, dass sein Zufahrtsweg auch nicht zählte.

Wir begutachteten damals Mattis Grundstück bis in den kleinsten Winkel: viele Bäume, viel Unterholz und viele Schnaken und Bremsen. Und unten am Strand: viel Wasser. Die Sauna war gemütlich und vor allem schon angeheizt. Während der Besichtigung gab mir Matti eine Lehrstunde in finnischem Humor: »Was ist«, fragte er mich, »wenn ein Finne von Dach seiner Sauna in das Snee (Schnee) fällt?« In seinen Augen lauerte das Grinsen ... Ich überlegte blitzschnell. Was konnte dann sein? Na, wahrscheinlich hatte er sich das Genick gebrochen. Oder mindestens mal ein Handgelenk. Das wäre immerhin eine witzige Pointe. Aber irgendwie kam mir das doch fragwürdig vor, und so schwieg ich. »Na???« Mattis Grinsen war kaum noch zu bändigen, wie ich bemerkte. »Weißt Du nicht, he???! – No, ist doch klar: ist Winter!« Und er brach in ein brüllendes, nicht enden wollendes Gelächter aus, das die Bäume um uns herum zum Zittern brachte und bestimmt mehrere Kilometer übern See schallte. Hörte nicht mehr auf zu lachen, der Kerl, und auch später in der Sauna überkamen ihn immer wieder Lachanfälle wegen dieses Witzes.

Zu seiner Entschuldigung sei erwähnt, dass Matti da schon einigermaßen blau war, vom pontikka, den er »zur Eins-timmung auf das Besuch von Dir« schon geraume Zeit vor meinem Eintreffen zu sich genommen hatte. Was pontikka ist, verrate ich hier aber noch nicht, dafür gibt es andere, speziellere Stellen in diesem Buch. Immerhin ist wohl klar, dass es sich dabei nicht unbedingt um einen sog. »Softdrink« handelt. So was hätte in Bezug auf »Einstimmung« wohl auch kaum Erfolg. Andererseits sei bemerkt, dass die ehrlichen Finnen in ihrem Land eine beliebte Biermarke verkaufen, die den Namen »Sininen« trägt. Das ist das finnische Wort für »blau« – kann es einen sinnvolleren und aufrichtigeren Namen für Bier geben?

Allerdings, um der Wahrheit die Ehre zu geben: Die Finnen bezeichnen – anders als die Deutschen – jemanden, der zu tief ins Glas geschaut hat, nicht als »blau« (= »sininen«). Der Not gehorchend, diesen Zustand fassbar beschreiben zu müssen, haben sie andere Wortschöpfungen in ihrem Repertoire: humalassa, umpitumelissa, päissään, tuitterissa, huppelissa, kännissä, tukossa, pää täynnä und andere ... Immerhin also eine gewisse Auswahl an Ausdrücken, deren direkte Übersetzung ins Deutsche hier nicht erforderlich ist. Bis auf einen: »humalassa« heißt auf Deutsch wörtlich »im Hopfen«. Trifft die Sache eigentlich recht gut, finden Sie nicht? Die Merkmale des beschriebenen Zustandes sind übrigens hier wie dort identisch ...

Und so schnell haben Sie – mit Hilfe der finnischen Alkoholkonsumenten – schon zwei nicht ganz unwichtige Begriffe dieser ungewöhnlichen Sprache gelernt, so ganz nebenbei. »Sininen« = »blau« und »humalassa« = »im Hopfen«. Sollen wir diese kleine Sprachübung noch ganz kurz fortsetzen? Weil's gerade so gut passt? Also: »humala« bedeutet »Hopfen«, und die Endung »ssa« steht für das deutsche »im«. Ist doch ganz einfach: »humala« = »Hopfen«, »humalassa« = »im Hopfen«. Da behaupte noch einer, Finnisch sei unlernbar ... Man muss eben nur ab und an mal einen trinken. Nicht umsonst sagen erfahrene Fremdsprachenkundler, dass sie »Ausländisch« umso besser verstehen und sprechen, je vorgerückter die nächtliche Stunde ist, und je mehr sie »intus« haben ...

Nachdem Sie nun also einen kleinen Einstieg in finnische Denkweisen und sogar die finnische Sprache erhalten haben: viel Spaß beim Weiterlesen – und natürlich viel Vergnügen in Finnland selbst. Es gibt dort unglaublich viel Faszinierendes und Beeindruckendes zu erleben und zu entdecken. Einiges davon finden Sie in den folgenden Kapiteln – zwar bei weitem nicht alles, aber doch manches von dem, was das eigentliche Finnland ausmacht und spürbar werden lässt.

In diesem Sinne: Willkommen in Finnland – tervetuloa Suomeen!

Das Wichtigste in Kürze

1. einige Vokabeln

sininen	blau
humala	Hopfen
humalassa	wörtlich: im Hopfen; sinngemäß: »im Alkohol schwimmend« oder kurz »besoffen«
tervetuloa	willkommen

Suomi   Finnland
tervetuloa Suomeen   wörtlich: willkommen nach
Finnland
sinngemäß: willkommen in
Finnland

2. einige Sprachregeln

»Sininen« ist definitiv nur eine Farbbezeichnung.
Die Endung »-ssa« oder »-ssä« steht für die deutsche Präposition »in« bzw. »im«.

3. und einige (nicht ganz ernst gemeinte) Verhaltenstipps

Wegbeschreibungen eines Finnen sind stets richtig. Bestätige das, indem Du eine gute, möglichst genaue Wegkarte oder das Navi zu Rate ziehst.
Finnische Witze sind ausnahmslos »Brüller«.
»Pontikka« ist kein »Softdrink«. Mehr darüber später.

»Ja« heißt nicht »Ja«, sondern »und« ...

Zu einem Land und seinen Menschen Zugang zu finden, eine einigermaßen »echte« und typische Atmosphäre zu erspüren: Das sollte ein Ziel einer Reise sein. Dies gilt nicht nur für eine Fahrt nach Bayern, sondern für jeglichen Aufenthalt in fremden Gefilden. Kontakte und insbesondere Freunde bekommt man stets leichter, wenn man wenigstens einige Wörter und Ausdrücke der fremden Sprache kennt.

Nun ist das beim Bayrischen schon schwierig genug: »Nie nicht wird a Preuss bayrisch red'n könna.« Sagt der Bayer. Damit hat er sicher Recht, oder hör' ich da auch a bisserl Hochmut raus?

Egal: Bei den Finnen ist's wesentlich leichter. Ihre Sprache ist so kompliziert (Das ist kein Widerspruch!), dass sie überhaupt nicht damit rechnen, irgendein Ausländer könne mehr als zwei Wörter davon beherrschen. Entsprechend überrascht sind sie dann, wenn der sich sogar an Drei- oder gar Viewortsätze traut. Was nicht heißt, dass er sie auch beherrscht ... In einem derartigen Fall gibt es nach finnischer Überzeugung nur drei Erklärungen: a) Der Betreffende ist Finne und tut so, als sei er Ausländer. Dann ist er ein ziemlicher Spinner. b) Der Sprecher hat mindestens einen finnischen Elternteil. Das ist gar nicht so selten. c) Man hat sich verhört, und in Wirklichkeit war das gerade Chinesisch. Klingt unwahrscheinlich, könnte aber immerhin sein.

Ist der Finne jedoch zur Überzeugung gekommen, hier versuche tatsächlich ein Nicht-Finne, Finnisch zu sprechen, kann er wiederum auf drei Arten reagieren: a) Der höfliche, heimatverbundene Finne, dem seine Sprache heilig ist, schweigt (was er sowieso gerne tut) und lässt den Fremden »verhungern«.

Das ist meiner Erfahrung nach der Standard. b) Der seltenere, ebenfalls höfliche und ebenfalls heimatverbundene Finne schweigt genauso. Er reicht aber als Beweis seiner Anerkennung Brot und Salz über den Tisch, zum Zeichen, dass der Fremde willkommen ist. Brot und Salz werden dabei häufiger in »flüssiger Form« angeboten. c) Der ebenfalls heimatverbundene, über die Verhunzung seiner einzigartigen Sprache erboste Finne sprudelt sämtliche Sätze raus, die er den in sein Land eingefallenen Touristen schon immer mal an den Kopf werfen wollte. Gott sei Dank ohne Punkt und Komma, dafür mit umfassend verschluckten Endungen, so dass selbst Einheimische nicht verstehen, was er sagen will. Diese Spezies ist allerdings – glücklicherweise – nur recht sporadisch anzutreffen.

In der finnischen Sprache gibt es zwar manches Wort, das uns verständlich erscheint, weil es ähnlich klingt und geschrieben wird wie das entsprechende deutsche. Jeder weiß auch ohne Sprachstudium, dass apteekki eine Apotheke ist, pankki eine Bank und kapteeni ein Kapitän. Leider, leider existieren allerdings zahlreiche Wörter, die man mit den »gängigen« Sprachen kaum assoziativ verknüpfen kann. So heißt »interessant« auf Englisch »interesting«, auf Französisch »interessant« (wird »änterreson« ausgesprochen), auf Italienisch »interessante«, auf Finnisch allerdings *nicht* »interessanti«, sondern »mielenkiintoinen« ...

Daher kann es infolge nicht sehr großer Routine leicht dazu kommen, dass der ahnungslose Sprecher bei der Suche nach dem richtigen Ausdruck die falsche Schublade seines Gehirnkästleins öffnet. Einer meiner deutschen Bekannten, erst zwei Tage in Finnland, freute sich anlässlich einer größeren Feier sehr, dass alle Finnen in breites Grinsen verfielen, als er ihnen reihum auf Finnisch »willkommen« entbot und die Hand schüttelte. Offenbar staunten sie sehr darüber, dass er ihre Sprache so gut beherrschte. Allerdings saß er kurze Zeit später etwas in sich gekehrt auf seinem Stuhl. Da hatte er nämlich erfahren, dass sein freundliches »näkemiin« nicht »willkommen« hieß, sondern »auf Wiedersehen«. Die Feier war aber dennoch ein Erfolg und lustig, und alle Finnen fanden seinen Mut, Finnisch zu reden, toll!

Die Schilderung dieser kleinen Anekdote veranlasst mich übrigens, auf ein anderes Spezifikum im finnischen zwischenmenschlichen Bereich hinzuweisen: das Nicht-Händeschütteln. Die Kunst, unterschiedliche Situationen dahingehend zu unterscheiden, ob es sich um eine Händeschüttel- oder eine Nicht-Händeschüttel-Situation handelt, gehört zur Hohen Schule finnischer Etikette! Selbst nach langjähriger Übung ist es den meisten Deutschen (bei denen das Händeschütteln ja zur Begrüßung und zum Abschied generell dazugehört) schwer bis unmöglich, bei jeder Zusammenkunft mit Finnen richtig (!) zu entscheiden, was man mit den eigenen Händen zu tun hat. Grundsätzlich ist es am besten, nach der Faustregel zu handeln: Hände weg von den Händen des Gegenübers. Selbst eingefleischte Händeschüttler sollten diesen Rat beherzigen.

Denn: Die übliche finnische Begrüßung besteht in einem angedeuteten Anheben der rechten Hand (Fingerspitzen etwa bis in Bauchnabelhöhe) und gleichzeitig einer der folgenden Äußerungen: »Moi!« (bei eng befreundeten Jugendlichen oder in Ausnahmefällen bei Blutsverwandten jeglichen Alters), »Terve!« (bei miteinander nur locker bekannten Jugendlichen und jungen Erwachsenen oder auch zwischen einander gut bekannten älteren Erwachsenen), »Päivää!« bei weniger guten Bekannten oder »Hyvää päivää!« bei Fremden. Der gleiche »handmäßige« Bewegungsablauf gilt auch bei engsten Familienangehörigen, hier jedoch in der Regel ohne verbale Äußerung. Allerdings kommt es in Extremfällen, beispielsweise nach Rückkehr eines Familienmitgliedes im Rentenalter, das als Student ausgewandert war, zu begleitenden Begrüßungsformeln wie: »No niin!« Fundierte und umfassende Studien dieser Rituale lassen sich unschwer am Flughafen Helsinki durchführen, wenn finnische Väter ihre finnischen Söhne in der Empfangshalle bei deren Rückkehr vom zweijährigen Aufenthalt in Australien begrüßen ...

Wir merken uns also: Schüttelt ein Finne uns bei einer Gelegenheit die Hand, war er entweder mehrere Jahrzehnte im Ausland, oder er zählt uns zu seinen ganz besonderen Freunden. Es handelt sich in einem derartigen Fall demnach um eine Art »Ritterschlag« und Aufnahme in den persönlichen niederen Adelsstand. Die Erhebung zum entsprechenden Hochadel allerdings ist die Einladung ins Sommerhaus. Doch davon an anderer Stelle mehr. Nach dem erwähnten Händedruck gehört man zum auserlesenen Kreis derer, die der Finne mitleidig bedauert, weil sie keine Finnen sind. Er versucht daher, ihr trauriges Dasein durch aufmunterndes Schweigen etwas zu erleichtern.

Doch zurück zur finnischen Sprache: Beim Lesen der oben erwähnten Worte apteekki, pankki, kapteeni könnte man den Eindruck erhalten, viele finnische Wörter seien durch das Anhängen des Vokals »i« gekennzeichnet. Das ist natürlich naiv gedacht. Aber es soll ja auch Leute geben, die meinen, durch Hinzufügen von Endungen wie »-ing«, »-ang«, »-ong« an irgendwelche Wortstämme könne man auf leichtem Weg Chinesisch lernen. Tatsache ist allerdings, dass die finnische Sprache ohne massenweisen Gebrauch von Vokalen, also »a«, »e«, »i«, »o« und »u« sowie Umlauten wie »ä« und »ö« dem Untergang geweiht wäre. Wobei man den ungeheuer wichtigen Buchstaben »y« auf gar keinen Fall vergessen darf, den die Finnen – unbegreiflicherweise – nicht »üpsilon« aussprechen, sondern – na, was glauben Sie?! – richtig!: ü.

Oftmals hat man den Eindruck, den Finnen mache es unbändigen Spaß, möglichst viele »ä« und »i« und »y« usw. in ihre Wörter einzubauen. Oder was denken Sie, wenn Sie beispielsweise sowas lesen wie: »lääkäripäivystys« (ärztlicher Bereitschaftsdienst), »kaalikääryle« (Kohlroulade) oder »seitsemäskymmenesosa« (Siebzigstel).

Wobei sich am letztgenannten Wort gleich noch ein anderes Spezifikum des Finnischen darlegen lässt, das gerade uns Deutschen meist unvorstellbare Schwierigkeiten bereitet: die Aussprache insbesondere der Doppelvokale »ei«. Denn für die Finnen ist das kein »Ei«, sondern »e«-»i« (wie im deutschen geirrt). Will der Finne ein »deutsches« »Ei« haben, schreibt er es »ai«! Übrigens – nur, damit Sie nicht zu klar sehen: Die finnische Bezeichnung für Hühnerei ist nicht »ai«, sondern »kananmuna«.

Diese für uns Deutsche selbstverständliche Zusammenziehung des »ei« war für eine Finnin aus unserem Bekanntenkreis, die nach Deutschland gekommen war und hier lebte, ein echtes Problem: Sie trug den finnischen weiblichen Vornamen »Heini«, gesprochen, wie dargelegt, »He-ini«. Hier in Deutschland allerdings wurde ihr Name – für sie gar nicht lustig – stets zu einem männlichen Vornamen, und noch dazu nicht unbedingt zu einem sehr beliebten.

Ach ja, das Finnische ... Wussten Sie, dass die Verdoppelung eines Buchstabens seine Aussprache-Verlängerung bewirkt?

Und zwar sowohl bei Vokalen, als auch – aufgemerkt! – bei Konsonanten. Das ist wieder mal anders als im Deutschen, wo z. B. Doppel »l« rascher gesprochen wird als ein einzelnes »l«: Stollen gegen Stola beispielsweise. Kann sein, dass das irgendwelchen deutschen Sprachwissenschaftlern jetzt sauer aufstößt, weil es nicht richtig erklärt ist. Aber ich denke, Sie haben verstanden, was ich meine, oder? Das finnische Wort »nukkua« (schlafen) wird also übers »k« lang gezogen, wie wenn Sie beim Sprechen über einen Stein stolpern und dabei am »k« hängenbleiben. Tut mir leid, aber anders kann ich's nicht verdeutlichen. Am besten, Sie fahren selbst hin und üben es an Ort und Stelle.

Im Verlauf dieses Buches werde ich Ihnen in geeignetem Zusammenhang noch mehr über die Eigenheiten des Finnischen erzählen. Für jetzt soll es erst mal genug sein.

Ach, wegen der Kapitelüberschrift: Das finnische »ja« entspricht dem deutschen »und«. Dem deutschen »ja« entsprechen das finnische »juu«, »kyllä«, »niin«, »noin« und anderes. Ist doch ganz einfach.

Das Wichtigste in Kürze

1. einige Vokabeln

apteekki	Apotheke
pankki	Bank
kapteeni	Kapitän
mielenkiintoinen	interessant
näkemiin	auf Wiedersehen
lääkäripäivystys	ärztlicher Bereitschaftsdienst
kaalikääryle	Kohlroulade

seitsemäskymmenesosa	Siebzigstel
kananmuna	Hühnerei
nukkua	schlafen
ja	und
kyllä	Ja

2. einige Sprachregeln

Ei im Finnischen niemals als »Ei« aussprechen, sondern als zwei getrennte Vokale: »E - i«.
Doppelbuchstaben verlängern das Wort aussprachetechnisch.

3. und einige (nicht ganz ernst gemeinte) Verhaltenstipps

Händeschütteln entspricht Ritterschlag. Einladung ins Sommerhaus entspricht Aufnahme in den Hochadel.

Wie kommt man hin?

Die Finnen genießen den Heimvorteil, in Finnland zu leben – und wissen das auch zu schätzen. Denn nach einhelliger Meinung der Einheimischen ist der Himmel nirgendwo in der Welt so hoch und so blau wie in Finnland. »Taivas on sininen ja valkoinen ...« heißt es in einem der schönen finnischen Lieder: »Der Himmel ist blau und weiß ...« Wie die finnische Nationalflagge eben. Und der Finne schwärmt nicht nur vom Himmel: Fragt man die männlichen Eingeborenen, wie sie in Bezug auf ihren weiblichen Kontrapart denken, da kann sich Pamela Anderson an sonnenüberfluteten Gestaden räkeln wie sie will, jeder Finne wird seiner winterpelzvermummten Annikki den Vorzug geben. Zumindest, was den IQ anbetrifft ...

Den bedauernswerten (weil nicht-finnischen) Ausländern scheint's in Suomi jedoch ebenfalls zu gefallen: Immerhin fast 5,5 Millionen von ihnen haben das Land im Jahr 2008 besucht, davon fast 580 000 Deutsche. Damit übertrafen sie sogar die Schweden. Die größte Zahl von Touristen kam übrigens aus dem benachbarten Russland: über eine Million (Quelle: Statistics Finland).

So. Aber wie kommt man hin, besonders von Deutschland aus? Das interessiert uns bei unserer Planung für den nächsten Urlaub logischerweise an erster Stelle.

Ein Blick auf die Karte zeigt uns: Prinzipiell ist das kein Problem, Finnland grenzt ja direkt an Deutschland. Fast. Wenn nicht diese verflixte Ostsee dazwischenläge. Und das auf mehr als 1000 km Luftlinie. Gut, dass es Schiffe gibt. Und Flugzeuge. Obwohl man, wenn man verrückt genug ist und ausreichend Zeit hat, sogar durchgehend hingelangt, ohne nasse

Füße zu bekommen: über Polen, Russland (Kaliningrad), Litauen, Lettland, Estland und nochmals Russland (St. Petersburg).

Ruhiger, kürzer, erholsamer ist die Direkt-Reise mit einem der großen Fährschiffe bzw. einer der Fracht-Personenfähren ab Rostock oder Travemünde. Oder von Travemünde und Kiel aus nach Schweden und von dort aus nach Finnland. Oder nach Dänemark und von dort weiter nach Schweden. Alle diese Möglichkeiten sind per Auto durchführbar, mit dem Motorrad, auch mit dem Fahrrad. Sie glauben, das sei ein Witz? Da glauben Sie falsch: Im Sommer werden Sie beim Auffahren auf das von Ihnen gebuchte Fährschiff mit absoluter Sicherheit mehr als einen Radfahrer treffen, der seinen Drahtesel im Bauch des weißen Riesen verstaut!

In früheren Zeiten fuhr, wie vielen auch heute noch bekannt, die GTS »Finnjet« von Travemünde nach Helsinki. Sie war die schnellste Fähre zwischen Deutschland und Finnland, die es je gab, mit Gasturbinen-Antrieb (daher »GTS«). Dieser Riesenkahn legte die Strecke in 22 Stunden zurück, und an Bord gab es unglaublich viel zu bestaunen und zu erleben. Leider wurde die Finnjet inzwischen verschrottet. Ich selbst erinnere jedoch ein ganz besonderes Erlebnis, als ich mit meiner Familie vor vielen Jahren in Travemünde am Kai stand, um den Giganten in den Hafen einlaufen zu sehen. Es war warm, und wir hatten das Auto verlassen, in dem es glühend heiß wurde. Und wir trauten unseren Augen kaum, als wir am Kai einen langjährigen finnischen Freund entdeckten: Caru, seines Zeichens Zirkusartist und Tierdompteur. Seine liebe Frau, ebenfalls Zirkuskünstlerin, war Rollschuh-Kunstläuferin. Zum Staunen brachte uns allerdings nicht Carus Anwesenheit, sondern seine Begleitung: Ein junger

Elefant marschierte wie selbstverständlich mit Caru da am Kai auf und ab und wartete darauf, per Finnjet nach Finnland zu gelangen. Soweit mir bekannt, lebt dieser Dickhäuter heutzutage auf Korkeasaari, in Helsinkis zoologischem Garten; allerdings bin ich bezüglich dieser Information nicht absolut sicher.

Zurück zu den aktuellen Reisemöglichkeiten nach Suomi. Wie Sie auch reisen möchten: Einen lebenden Elefanten würde ich dabei nicht routinemäßig mit zum Reisegepäck nehmen ...

Selbstverständlich fahren auch Busse nach Norden. Nicht nur Reisebusse mit Fahrgästen, die eine Pauschalreise gebucht haben (meist mit Ziel Nordkap). Sogar per Linienbus (Touring eurolines) gelangt man nach Skandinavien. Allerdings leider heutigentags nur nach Stockholm, von wo aus man dann per Schiff nach Finnland weiterreisen kann. Und per Bahn gibt es ebenfalls die Verbindung in die schwedische Hauptstadt, übrigens insbesondere für junge Leute sehr günstig. In den östlicheren Gefilden sind Reisen von Rostock nach Tallinn möglich, von dort weiter per Schiff nach Helsinki. Letztlich können ganz Unverwüstliche gar per Bahn über die baltischen Länder von Berlin aus den Finnen einen Besuch abstatten. In welcher physischen und psychischen Verfassung sie ihr Ziel erreichen, bleibt allerdings dahingestellt.

Für alle diese Wege benötigt man neben Geld eins: Zeit. Zwar legen die heutigen Fährschiffe im Vergleich zu früher schon ein ganz gehöriges Tempo vor (vor noch nicht allzu langer Zeit war man von Küste zu Küste mehrere Tage unterwegs), aber nichtsdestoweniger hat noch keiner die Zeitmaschine erfunden, mit der die doch erheblichen Strecken in Nullkommanix zu überwinden wären. Was für ein Glück!

Denn sich an Bord eines der luxuriösen Pötte kulinarisch verwöhnen zu lassen, je nach Lust und Laune in die Sauna zu gehen oder, gemütlich an die Reling gelehnt, das Haar vom Seewind zerzaust zu bekommen: Das ist schon ein wunderbarer Vorgeschmack auf das schöne Land, das einen erwartet – und ein unvergesslicher Urlaubseinstieg par excellence.

Nun soll es ja auch Leute geben, die möglichst rasch von A nach B kommen möchten. Keine Angst, ihnen kann geholfen werden: Helsinki hat einen schnuckeligen internationalen Flughafen. Seine offizielle Bezeichnung: Helsinki-Vantaa. Dass der ständig größer und größer wird, dafür sorgen die vielen Reisenden, die aus aller Herren Länder dort ankommen oder abfliegen (2005: über 11 Millionen, 2007: über 13 Millionen; Quelle: Finavia). Dennoch hat Helsinki International Airport in gewisser Beziehung seinen rustikalen Charakter behalten: Das einzige Restaurant hinter bzw. vor dem Check-in (je nachdem, ob man ankommt oder abfliegt), quasi »im Keller der Haupthalle« gelegen, schließt um 19 Uhr. Die wenigen Geschäfte in diesem Bereich übrigens ebenso. Und auch die Schalter der Mietwagenfirmen sind nicht rund um die Uhr besetzt. Daher sollten Sie sich klugerweise bei Abschluss des Mietvertrages erkundigen, wie lange Ihr Autoverleiher Personal am Counter sitzen hat.

Nach Ihrer Landung bleiben Sie cool und behalten Sie die Nerven: Sie sind nicht nach Tokio oder Seoul umgeleitet worden. Die Scharen von Asiatinnen und Asiaten, die in Vantaa-Airport herumwuseln, wurden von der finnischen Fluggesellschaft FINNAIR im Land der aufgehenden Sonne und weiteren fernöstlichen Regionen »eingesammelt« und warten großenteils auf ihren Weiterflug in andere Länder. Denn FINNAIR hat sich zu einem der größten »Carrier«

von Asiaten nach Europa entwickelt, auch dank der günstigen Umsteigezeiten in Helsinki.

Klar, dass nicht nur FINNAIR in Helsinki landet und startet. Ebenso kommen die Lufthansa, SAS, British Airways, Air France, Blue One, United Airlines und zahlreiche andere hierher. Zudem ist Vantaa »Umsteigebahnhof« für die vielen innerfinnischen Flüge. Doch merke, bei den Inlandsflügen gilt hinsichtlich der Sitzplätze: »Wer zuerst kommt, mahlt zuerst!« Bedeutet allerdings nicht, dass Zuletztkommende mit Stehplatz und Halteschlaufe vorlieb nehmen müssen. Aber in der Regel besteht »freie Sitzplatzwahl«, und das heißt: Die Fensterplätze mit guter Aussicht auf die unendlichen finnischen Wälder sind zuerst weg. Sollten Sie trotzdem einen Platz am Fenster ergattern, obwohl Sie im hinteren Drittel der Warteschlange angestanden haben, sitzen Sie garantiert direkt über den Flügeln. Sie können dann sehr schön das Auf und Ab der Landeklappen bei Start und Landung beobachten ... Gehört eine finnische Eishockeymannschaft zu den Reisenden, haben deren Mitglieder nicht nur Narrenfreiheit in Bezug auf ihr Auftreten, sondern auch Anspruch auf die vorderen Plätze. Folglich – Pech gehabt – übernimmt die hübscheste Stewardess an Bord die Betreuung in diesem Bereich. Gewiefte Finnlandreisende haben aus diesem Grund stets ein Eishockey-Trikot im Handgepäck, das sie sich kurz vor Betreten der Maschine rasch überwerfen ...

Nebenbei bemerkt gibt es unzählige Situationen in Finnland, bei denen ein derartiges Trikot hilfreich ist und ansonsten verschlossene Türen öffnet. Denn Eishockey, auf Finnisch »jääkiekko«, auch »jääpallo«, ist in Finnland das Synonym für »Sport« (ähnlich dem Fußball in Deutschland), und keine weltweit renommierte Anerkennung (wie z. B. der Friedensnobelpreis für den Finnen Ahtisaari 2008) reicht an den Ruhm einer siegreichen Eishockey-Mannschaft im finnischen Hinterland heran. Allenfalls internationale Rallye- oder Leichtathletik-Siege können bei den Finnen darauf hoffen, einen Strahl der Ruhmessonne zu erhaschen ...

Haben Sie einen Sitzplatz am Fenster erobert, lehnen Sie sich zurück und genießen Sie den unendlichen Blick über Finnlands Weite. Sie werden viele Bäume erblicken, viele Seen, durch ungezählte Inseln und Inselchen geteilt, sowie einzeln verstreute Gehöfte. Vorausgesetzt, das Wetter ist klar und der Himmel, na, wie schon: sininen ja valkoinen, also blau und weiß. Und zur allgemeinen Überraschung: Das ist er tatsächlich an vielen, vielen Tagen. Denn Finnland ist bei weitem nicht das Land, in das man auch im Hochsommer nur mit Rollkragenpullover und Fausthandschuhen reisen kann, wie die Mitteleuropäer gemeinhin annehmen. Aber davon erzähle ich in einem anderen Kapitel.

Reisen nach Suomi per Flugzeug bedeutet jedoch nicht unbedingt, dass ausnahmslos Helsinki als landetechnischer Zielort in Frage kommt (auch bei den Schiffspassagen wurde und wird ja nicht nur die finnische Hauptstadt angelaufen, sondern auch Turku und Hanko sind bzw. waren Ankunfts- und Abfahrtshäfen). Auch z. B. Tampere und Turku sind per Luftfahrt von Deutschland aus erreichbar, allerdings teilweise nur mit Zwischenstopps beispielsweise in Kopenhagen. Diese Flugverbindungen sind dennoch von Interesse, weil sie von diversen Billigfliegern, aber auch von SAS bedient werden und eine Preisalternative darstellen können. Es empfiehlt sich jedoch, bei den Buchungsbedingungen genau hinzuschauen, um keine bösen Überraschungen zu erleben – aber das sollte man ja sowieso immer tun. Die Selbstbuchung via Internet mag auf den ersten Blick bequem sein, eine Buchung in einem seriösen, am besten auf Skandinavien spezialisierten Reisebüro bietet jedoch die Gewähr der zuverlässigen Beratung. Und schon manch Einer hat seine in Eigenregie durchgeführte Buchung später verflucht, weil er maßgebliche Buchungsbedingungen übersehen hatte ... So kenne ich persönlich den Fall einer Kanadierin auf Europa-Tour, die bei einem Billigflieger ihr Ticket nach Finnland zu einem unschlagbar niedrigen Preis von wenigen Euro eingekauft hatte. Sie stand vor mir am Check-in und bekam fast einen Weinkrampf, als sie für ihr Gepäck sage und schreibe mehr als 150 Euro hinlegen musste. One-way, wohlgemerkt! Abzocke nennt man das ja wohl, um nicht einen kriminaltechnisch treffenderen Begriff zu gebrauchen.

Da sich nicht sämtliche Reisewege und -arten nach Finnland hier erschöpfend und vor allem aktuell zutreffend darstellen lassen (denn es gibt ständig Veränderungen auf diesem Markt), zum Abschluss dieses Kapitels ein diesmal ernst gemeinter Rat: Lassen Sie sich bei einem erfahrenen Reiseveranstalter hinsichtlich der günstigsten Reisemöglichkeiten beraten. Und: Buchen Sie dann auch bei ihm! Denn nur von Beratung kann ein Reisebüro nicht leben. Sich alle Informationen dort zu holen, aber dann per Internet zu buchen, ist schlicht und einfach eines: unfair!

Das Wichtigste in Kürze

1. einige Vokabeln

| taivas | Himmel |
| on | ist (Grundform: olla = sein) |

valkoinen	weiß
jää	Eis
kiekko	Puck
jääkiekko, jääpallo	Eishockey (wörtlich: Eisball)

2. einige Sprachregeln

In der finnischen Aussprache wird ausnahmslos die erste Silbe eines Wortes betont.

Also: HELsinki (und nicht HelSINki).

VALkoinen (und nicht valKOInen).

TAIvas (und nicht taiVAS).

3. und einige (nicht ganz ernst gemeinte) Verhaltenstipps

Falls Sie am späten Abend jemanden am Flughafen von Helsinki abholen oder dorthin bringen: Nehmen Sie sich reichlich Proviant mit, falls Sie warten müssen. Denn in Vantaa dürfte es Ihnen schwer fallen, verköstigt zu werden, falls die Uhrzeiger schon auf 19 Uhr stehen ...

Stellen Sie sich bei Inlandsflügen ebenso brav und geordnet wie die Finnen vor der Tür im Warteraum zum Flugzeug an. Spätestens bei Öffnen des Ausgangs zum »boarding« stürzt jeder über jeden, um den ersehnten Sitzplatz zu erhalten. Handtücher auf die Sitze zur Reservierung für etwaige deutsche Mitreisende zu breiten, wie auf Mallorca seitens deutscher Touristen üblich, gilt hier allerdings als Stilbruch.

Autofahren in Finnland: ganz einfach! Oder?

Die Finnen – wie alle Skandinavier – stehen bei den Mitteleuropäern in recht gutem Ansehen, was ihren Fahrstil und die Unfallstatistik anbelangt. Zumindest, solange sie sich auf finnischen Straßen bewegen ... Sie sollen sehr defensiv fahren, so ungefähr mit der rechten Fahrzeugseite schon im Straßengraben, um den hinter ihnen Fahrenden das Überholen zu ermöglichen. Denn die könnten ja irgendwann im Verlauf des gemütlichen Durch-die-Lande-Gondelns auf die Idee kommen, am Vordermann vorbeizuziehen.

Ich muss dazu leider sagen, dass meine lieben finnischen Freunde und Bekannten hinsichtlich dieses guten Rufes deutlich von den vergangenen Jahrzehnten zehren. Damals bestand der Straßenverkehr in Finnland, besonders außerhalb bewohnter Regionen, darin, dass einem etwa alle 150 Kilometer ein Auto oder Moped oder so was ähnliches entgegenkam. Man hielt daraufhin stets kurz an, um sich über den Straßenzustand der vor einem liegenden 150 Kilometer auszutauschen und sich gegenseitig die Gründe für den unverständlichen Mobilitätsdrang zu erläutern.

Inzwischen ist das Fahrzeugaufkommen auf den finnischen Straßen deutlich gestiegen (1980: etwa 1,2 Mio Pkw, etwa 150.000 Lkw, etwa 43.000 Motorräder/2008: etwa 2,7 Mio Pkw, etwa 425.000 Lkw, etwa 205.000 (!) Motorräder; Quelle: statistics finland). Zahlreiche früher unbefestigte Straßen wurden zwischenzeitlich asphaltiert, und auch das Autobahnnetz wird peu à peu ausgebaut. Und der Fahrstil passt sich ebenfalls zunehmend »mitteleuropäischen Standards« an. Es ist also durchaus nicht so, dass der hinter Ihnen herfahrende Finne einen Sicherheitsabstand von 1000 Metern zu Ihrem Fahrzeug hält, und auch bezüglich des Überholens und Überholtwerdens gilt vielfach die Regel: »Wir Finnen sind ein Volk von Rallye- und Formel-1-Piloten!« Die Tatsache, dass die finnischen Hauptstraßen inzwischen vielfach mit fest installierten Radaranlagen ausgestattet sind, veranlasst die Fahrerinnen und Fahrer hier meist zum Einhalten der vorgeschriebenen Geschwindigkeit. Um ihr fahrtechnisches Können unter Beweis zu stellen, weichen sie daher gerne auf Nebenwege aus, wobei gilt: Je unbefestigter der Weg, umso mehr kann man aus seiner Kiste rausholen ...

Apropos Nebenstraßen: Wundern Sie sich bitte nicht, wenn Ihnen auch heutigentags, meist kurz hinter einer Kurve, ein mehr oder weniger grüner Birkenwipfel mitten auf der Straße entgegen winkt! Sie sind nicht auf Jonnas und Jussis Juhannusfeier (Mittsommerfest) gelandet, sondern ein gutherziger Finne, der vor Ihnen die Piste befuhr, hat den Baum neben der Straße abgesägt und in ein etwa zwei Meter tiefes und ein Meter breites Loch gestellt. Das ist dadurch entstanden, dass an dieser Stelle die Trasse eingebrochen ist. Ob hierfür eine überdimensionale Wühlmaus (finnisch: myyrä) verantwortlich war oder der Dauerregen der letzten zwei Wochen, die Kontinentaldrift oder einfach schlampig hergestellter Unterbau: Wer kann das schon sagen.

Wissen Sie, dass ausländische Autofahrer von den Finnen generell erkannt werden? Da hilft's auch nichts, sich einen Leihwagen zu nehmen, um sich als Finne zu tarnen ... Das glauben Sie nicht? Dann will ich Ihnen die Gründe nennen:

1. Immerhin gibt es inzwischen einige Kilometer Schnellstraßen oder Autobahnen (finnisch: moottoritie) in Suomi und entsprechend auch Auf- und Abfahrten. Jetzt kommt's: Ein Fahrer, der auf die linke Spur wechselt, um einem auf-

fahrenden Fahrzeug Platz zu machen, ist schon mal höchst verdächtig, nicht-finnischen Ursprungs zu sein.

2. Analoge Situation: Ein Fahrer, der, von der Auffahrt kommend, zügig auf die Schnellstraße fährt, im Vertrauen, das dort ansausende Fahrzeug werde auf die kilometerweit freie linke Spur ausweichen, um ihn auffahren zu lassen, ist nicht nur auslandsverdächtig, sondern hundertprozentig kein Finne.

3. An der mittelstark befahrenen Kreuzung war die Ampel deutlich grün, jetzt wechselt sie auf Rot, und der Linksabbieger mitten auf der Kreuzung bleibt stehen. Und steht. Und steht. Und steht. Grund: Er sieht Rot! Die Fahrer aus der Querrichtung, deren Ampel Grün zeigt, sehen allerdings auch allmählich »rot«, nix is' mit finnischem Langmut. Wer kann so dämlich sein, auf der Kreuzung stehen zu bleiben? Nur ein Ausländer, der noch nicht kapiert hat, dass in Finnland zur leichteren Sicht an jeder Kreuzung auf der gegenüberliegenden Seite eine weitere Ampel installiert ist, die das gleiche Licht zeigt wie die Hauptampel. Klar, dass die ebenfalls auf Rot springt, wenn die Hauptampel rot wird. Das heißt jedoch nicht: »Mitten auf der Kreuzung stehen bleiben«, sondern: »Kreuzung räumen!«

Ist natürlich erst mal verwirrend, wenn man von Deutschland her gewöhnt ist, bei Rot mit verdrehtem Kopf, halb auf dem Armaturenbrett liegend, die Ampel zu beobachten, um den Moment zu erhaschen, wenn sie auf Gelb wechselt. Die Finnen dagegen lehnen gemütlich im Polster ihres Gefährts und blicken unangestrengt auf das Verkehrslicht auf der gegenüberliegenden Seite der Kreuzung.

Aus dem gleichen Grund fahren übrigens die Finnen unweigerlich mindestens einen Meter über die Haltelinie hinaus. Und Ausländer nicht, es sei denn, sie haben einen Finnen als

Beifahrer, der ungläubig staunt – und sich auch entsprechend äußert, etwa: »Warum du bleibst s-tehen schon hier? Ganze Verkehr hinten kann nicht haben Platz!« (Anmerkung: er meint das nicht sexistisch, und der »ganze Verkehr hinten« besteht aus einem altersschwachen Traktor mit Bäuerlein, den Sie im Rückspiegel hinter Ihrem Fahrzeug hertuckern sehen). Also fahren Sie fünfzig Zentimeter weiter, was den neben Ihnen sitzenden Finnen zu dem Ausruf verleitet: »Voi perkele!« (zu Deutsch wörtlich: »Au weh, Teufel«, was sinngemäß bedeutet: »Wie kann man nur so beschränkt fahren! Lieber Gott, mach', dass ich lebend aus diesem Auto komme, das von dem Deutschen über unsere schönen finnischen Straßen gequält wird!«).

Noch mehr Beispiele gefällig, die zeigen, woran die Finnen den ausländischen Fahrer erkennen? Selbst wenn sein Auto so ein schönes Nummernschild trägt, das es als in Helsinki oder Turku oder sonstwo in Finnland zugelassen ausweist?

Bitte sehr: strahlender Sonnenschein, elf Uhr morgens. Wer fährt ohne eingeschaltetes Abblendlicht (wie es in Finnland an 365 Tagen im Jahr rund um die Uhr vorgeschrieben ist)? Na, Sie wissen schon ...

Oder am darauf folgenden Tag: wieder strahlender Sonnenschein, wieder elf Uhr morgens. Wer rauft sich die Haare, weil sein Fahrzeug nicht anspringt? Eben: derselbe Autofahrer, der am Vortag nach einstündiger Fahrt bemerkt hat, dass er das Licht nicht eingeschaltet hatte und sofort panisch die gesamte Elektrik seines Wagens in Gang setzte. Dummerweise vergaß er, das Licht am Nachmittag wieder auszuschalten ...

Oder drei Tage später: Der Abend naht, die Uhr zeigt auf acht, und eine herumirrende Familie mit zwei Kindern rüttelt weinend am Gittertor des Parkdecks eines Kaufhauses in Mittelfinnland. Von ihrer ausgedehnten Besichtigungstour zurückgekehrt, sehen sie sehnsuchtsvoll ihren Leihwagen, der sie munter aus seinen Scheinwerferaugen anblinzelt. Bedauerlicherweise allerdings aus dreißig Metern Entfernung hinter eben jenem fest verschlossenen Gittertor. Die Armen hatten eben das mehrere Quadratmeter große Hinweisschild nicht lesen können, auf dem die Öffnungszeiten des Parkdecks bekanntgegeben wurden. Hatten es für eine Zeitungs- oder Waschmittelwerbung oder was weiß ich gehalten.

Diese Episode ist übrigens deutschen Bekannten von mir tatsächlich passiert. Sie konnten bei dieser Gelegenheit aber die Erfahrung machen, dass die Hilfsbereitschaft in Finnland groß ist, besonders, wenn es gilt, Ausländern aus der Patsche zu helfen: Ein Finne erbarmte sich umgehend ihrer Not und zog sein Handy (davon hat jede Finnin und jeder Finne immer mehrere dabei, falls mal wieder eines beim Bootfahren, Angeln, Sonnenbaden, Stegbauen, Stegreparieren, Segeln, Netze-Auswerfen, Netze-Einholen, Reusen-Auslegen, Reusen-Leeren, Eis-auf-dem-Steg-Essen, Füße-vom-Steg-baumeln-Lassen usw. ins Wasser fällt. Oder beim Beerensuchen und Pilzesammeln ins Moos. Oder schlicht beim Einkaufen, beim Arzt, im Restaurant oder beim Friseur liegen bleibt. Oder beim Kochen unbeabsichtigt die Sommersuppe (finnisch: kesäkeitto) würzt. Oder beim Essen in den Pudding platscht. Will sagen: das Handy (finnisch: kännykkä) ist in Suomi allgegenwärtig!). Unser hilfsbereiter Finne also rief den Hausmeister des Kaufhauses an, dessen Telefonnummer auf dem erwähnten Schild für Notfälle angegeben war, und eine halbe Stunde später saß unsere Familie in ihrem Auto, und zwar außerhalb des Parkdeckgeländes.

Ein letztes Beispiel, wie rasch man sich unfreiwillig als Nicht-Finne outet: Das kleine Auto fährt brav auf die Fähre, die das eine Ufer des finnischen Sees mit dem anderen verbindet. Alles noch paletti, der einzige Hinweis, dass es sich um einen ausländischen Fahrer handelt, könnte sein, dass das Autochen keinen Anhänger mit der Aufschrift »muuli« hinterherschleppt, hoch beladen mit Bauholz fürs Sommerhaus. Ist zwar auffallend, aber immerhin, es soll auch Finnen geben, die ohne Anhänger durch die Lande gondeln. Doch jetzt passiert folgendes: Der Fahrer steigt auf der Fähre aus, gut als Finne getarnt, mit Jogginganzug, Gummistiefeln und Schirmmütze, und – blickt suchend um sich, die Geldbörse in der Hand, weil er die Überfahrt bezahlen will. Ha, ha, Bursche, verraten!

Sie möchten wissen, wieso? Nun, die Finnen haben eine sehr begrüßenswerte Einstellung zu ihren – zahlreichen – Binnenfähren: Diese gelten nämlich als öffentliche Straße und können kostenlos benutzt werden. Wer gelegentlich mal in Deutschland mit einer Fähre über Elbe oder Rhein gesetzt hat, weiß diese Kostenfreiheit in Finnland sicher zu schätzen. Daher: Der echte Finne verlässt sein Fahrzeug nie auf einer Fähre!

Aber mal ganz im Ernst: Wenn Sie Finnland per Auto durchstreifen, werden Sie bald feststellen, dass es hier außerordentlich sinnvolle und hervorragend durchdachte verkehrstechnische Einrichtungen gibt. Das beginnt beispielsweise mit unterschiedlichen Farben der Straßenmarkierungen: Unterbrochene Linien, bei denen Überholen ohne Einschränkung möglich ist, sind weiß, gegenüber durchgezogenen gelben Linien, die ein Überholverbot kennzeichnen. Und bei einem derartigen Verbot für beide Fahrtrichtungen sind diese gelben

Streifen sogar doppelt angelegt. Auch die oben erwähnten standortfesten Radarmessanlagen zähle ich dazu, weil sie m. E. wesentlich zur Unfallverhütung beitragen. Die Straßenbeschilderung ist ganz überwiegend übersichtlich, arbeitet vielfach mit Piktogrammen und vermeidet weitgehend den in deutschen Landen üblichen Schilderwald. Allerdings erscheinen des Öfteren die ausgeschilderten Geschwindigkeitsbeschränkungen, insbesondere bei Baustellen, leicht übertrieben. Es ist keine Seltenheit, dass eine erlaubte Höchstgeschwindigkeit von 30 km/h festgesetzt wurde, und das – zur »Freude« sowohl der finnischen wie auch der ausländischen Autofahrer – unter Umständen auf einer Strecke von 20 Kilometern und mehr ...

Gleichgültig, wie Sie über derartige Tempolimits denken mögen: Halten Sie sich daran! Die Strafen für das Nichtbeachten von Geschwindigkeitsbeschränkungen in Finnland sind drakonisch! Je nach Ausmaß der Überschreitung kann es Ihnen passieren, dass sich die Geldbuße prozentual an Ihrem Einkommen orientiert – und zwar nicht nur im Ein-Prozent-Bereich! Sie werden erleben, dass auch die ganz überwiegende Zahl der Finnen sich an die vorgeschriebene Geschwindigkeit hält.

Ein weiterer wichtiger Punkt sei nur kurz genannt, weil er fast jedem Finnlandbesucher bekannt und in allen gängigen Reiseführern ausführlich erwähnt ist: Trinken Sie keinen Alkohol, wenn Sie fahren! Das gilt selbstverständlich auch in Deutschland und in sämtlichen anderen Ländern. Aber die Kontrollen in Finnland sind diesbezüglich (zu Recht!) sehr streng und werden wesentlich öfter durchgeführt als bei uns. Es ist durchaus möglich, dass Sie von einem schmalen Sandweg vom Sommerhaus kommend auf die nächste, nicht viel breitere Straße einbiegen wollen und im Gebüsch eine Polizeistreife steht, die Sie ohne Rücksicht darauf, dass Sie Ausländer sind, »blasen« lässt. Wenn Sie feiern möchten, einigen Sie sich vorher, wer nach Hause fährt, und lassen Sie denoder diejenige wirklich in Ruhe Apfelsaft schlürfen. Sprüche wie »Komm', ein Schlückchen ...« oder »one for the road ...« sind eindeutig nicht am Platz!

Und noch zwei, drei weitere Tipps: Besonders in Mittelfinnland folgen ältere, noch nicht ausgebaute Straßen, vor allem die sog. Sandpisten, oft der Topografie der Landschaft. Das heißt, sie sind meist kurvenreich und stark hügelig. Dadurch wird die Sicht auf die vor Ihnen liegende Strecke eingeschränkt: Sie sehen ggf. ein entgegenkommendes Fahrzeug nicht, weil es in einer unauffälligen Senke verschwunden ist. Daher besondere Vorsicht beim Überholen! Und achten Sie bei diesen nicht asphaltierten Wegen darauf, nicht zu weit rechts zu fahren. Die Bankette ist nicht befestigt, Sie geraten rasch ins Rutschen und Schleudern. Nehmen Sie besondere Rücksicht auf Fußgänger und Zweiradfahrer: Ihr Fahrzeug kann ihnen eine überaus »willkommene« Überraschung bereiten, weil es beim Vorbeifahren Steine hochschleudert!

Was die sog. Zebrastreifen in Finnland anbetrifft, so gibt es hierfür zwei Sichtweisen und zwei Verhaltensempfehlungen. Nr. 1 gilt für Fußgänger und lautet: Vertraue keinem finnischen Autofahrer, er wird nicht halten, auch wenn du deinen Fuß oder die Räder des Kinderwagens mit deinem Nachwuchs schon auf den Überweg gesetzt hast. Dies ist definitiv so! Ganz offensichtlich wird in den finnischen Fahrschulen im gesamten Land, ob in Helsinki oder im hohen Norden, gelehrt, dass Zebrastreifen Signaleinrichtungen für Autofahrer sind, ihr Tempo zu erhöhen. Möglicherweise trägt diese

Situation dazu bei, dass die Laufeigenschaften aller Finninnen und Finnen, gleich welchen Alters, so hoch entwickelt sind. Zumindest bekommt man den Eindruck, dass insbesondere alte Menschen in Suomi noch gut zu Fuß sein müssen, wenn sie am Zebrastreifen zum gegenüberliegenden Bürgersteig wollen. Kann auch sein, dass nur die guten Läuferinnen und Läufer das Seniorenalter erreichen, während die langsameren den verfrühten finnischen Zebrastreifen-Exitus erleiden ...

Empfehlung Nr. 2 geht die Autofahrer etwas an, insbesondere die deutschen: Halte in Finnland nie am Zebrastreifen, es könnte das Ende deines Kofferraumes oder gar deines gesamten Autos sein. Und du wirst von keinem finnischen Verkehrsrichter freigesprochen werden – falls du überhaupt einen Anwalt findest, der dich in diesem aussichtslosen Prozess vertritt. Denn jeder nachfolgende finnische Autofahrer wird ob dieses ebenso unerwarteten wie unerhörten Anhaltens, nur weil gerade eine achtzigjährige Omi (finnisch: mummi) die Straße überqueren möchte, so überrascht sein, dass er mit offenem Mund hinterm Steuer sitzt und vergessen hat, wo seine Bremse ist.

Ansonsten: viel Spaß in einem Land, wo trotz deutlich höherem Verkehrsaufkommen gegenüber früher das Fahren immer noch entspannter und rücksichtsvoller von Statten geht als in Deutschland. Sie werden den Unterschied spätestens dann in aller Deutlichkeit bemerken, wenn Sie nach Ihrer Rückkehr hier in Ihr Fahrzeug steigen und am alltäglichen Verkehrswahnsinn in unserem Land teilnehmen...

Das Wichtigste in Kürze

1. einige Vokabeln

Juhannus	Mittsommertag
myyrä	Wühlmaus
moottoritie	Autobahn, Schnellstraße
moottori	Motor
tie	Weg
voi perkele	Au weh, Teufel; Teufel nochmal ...
voi, voi	oh je, oh je
perkele	Teufel
kesäkeitto	Sommersuppe (aus frischem Gemüse, oft mit Milch und sehr schmackhaft)
kesä	Sommer
keitto	Suppe
kännykkä	Handy, Mobiltelefon
mummi, mummo	Omi

2. einige Sprachregeln

Der finnische Genetiv Singular wird durch das Anhängen der Endung »-n« an den Wortstamm gebildet (sehr vereinfacht, aber für den Anfang ausreichend). Also heißt beispielsweise »Teufels Sommersuppe« (ziemlich blödes Beispiel, finden Sie nicht auch?) auf Finnisch: »perkelen kesäkeitto«. Oder ein anderes, noch blödsinnigeres Beispiel: »Sommersuppe der Wühlmaus« wäre auf Finnisch »myyrän kesäkeitto«. »Omis Sommersuppe« (schon sinnvolleres Beispiel und bestimmt lecker!) ist »mummin kesäkeitto«. In Wirklichkeit ist das Ganze allerdings etwas komplizierter, weil es auch noch Regeln für Lautanpassungen gibt (z. B. ist der Genetiv von keitto nicht »keitton«, sondern »keiton«); das führt hier aber zu weit.

Denken Sie daran, dass »keitto« nicht »kaito« ausgesprochen wird, sondern »ke-itto«, mit langgezogenem »t«.

3. und einige (nicht ganz ernst gemeinte) Verhaltenstipps

Entfernen Sie niemals eine Birke aus einem Loch in der Straße, sie ist als Warnsignal für nachfolgende Fahrergenerationen dort hingestellt worden. Sollten Sie selbst mit Ihrem Fahrzeug in ein derartiges Loch gestürzt sein, pflanzen Sie als Erstes eine Birke in diesem Krater, spätestens, wenn der Kranwagen nach der Bergung Ihres Autos abgefahren ist.

Achten Sie darauf, bei Rot an einer beampelten Kreuzung *hinter* der Ampel in etwa so anzuhalten, dass der Kühler Ihres Fahrzeugs nicht mehr als 50 Zentimeter in die Querfahrbahn ragt. Anhalten *vor* der Hauptampel ist bei männlichen Fahrern unmännlich und bei weiblichen ein Zeichen von emanzipatorischem Nachholbedarf. Außerdem macht es Sie verdächtig, ein Ausländer und damit potentiell fahruntüchtig zu sein.

Fischhahn, Mönch und Engelskuss

Selbstverständlich können Sie sich auf Mallorca, in New York, sogar in China (wirklich wahr!) und – na klar! – auch während Ihres Aufenthaltes in Finnland von Hamburgern, Cheeseburgern, Chicken-Nuggets und Pommes frites ernähren (oder besser gesagt, Ihren Hunger vorübergehend stillen). Und die von gar manchem Deutschen heiß geliebte Brat- und Currywurst gibt's ebenfalls allenthalben zu futtern. Aber ob Sie dann das jeweilige Land »schmecken« gelernt haben?

Schöner und auch typischer als beim Schnellimbiss (der Name sagt eigentlich schon, was dessen Hauptaufgabe ist: »schnell im Biss«) ist es da schon, zumindest gelegentlich den Zähnen, Geschmacksnerven und dem Verdauungstrakt das anzubieten, was die Einheimischen gerne zu sich nehmen. Die Finnen wissen, auch wenn man es fast nicht glauben mag, Kulinarisches nämlich durchaus zu schätzen. Wobei sie allerdings bei einem Wettkochen und -backen von Nationalgerichten mit französischen und mediterranen, wohl auch deutschen Küchenmeistern nicht unbedingt echte Chancen hätten. Das, nun ja, meint ein Ausländer, der nichts von der hohen finnischen Esskultur versteht und außerdem niemals den Geschmackssinn so entwickeln konnte, dass er die originalen (und originellen) finnischen Speisen in ihrer einmaligen Herrlichkeit genießen kann. Und das wiederum sagt der Finne, wenn er gut aufgelegt ist. Ist er weniger gut drauf, schweigt er zu dieser Beleidigung und isst ostentativ und mit genießerisch verzückter Miene sein Essen bis auf den letzten Rest. Dann kratzt er das, was der komische Ausländer übrig ließ, akribisch zusammen und leckt noch die letzten Krümel von der Tischplatte. Anschließend verlässt er erhobenen Hauptes siegreich das »Schlachtfeld«.

Spaß beiseite: Gutes Essen gehört auch in Finnland zu jeder Feier, und die Finnen lieben ihre heimischen Spezialitäten über alles. Zwar erscheint manches davon in gewissem Sinne gewöhnungsbedürftig, aber ... Na, lassen wir doch einfach mal während unserer touristischen Erkundungen einiges aus der nordischen Küche auf uns wirken.

Begeben wir uns nach Tampere, der Stadt, die hinsichtlich ihrer Einwohnerzahl in Finnland an dritter Stelle steht: Etwa 200 000 Menschen leben hier, zählt man die umliegenden Gemeinden mit, sind es sogar 300 000. Trotzdem ist auch hier an allen Ecken und Enden Natur, denn Tampere (schwedisch Tammerfors) liegt zwischen den beiden Seen Näsijärvi und Pyhäjärvi (järvi = See, pyhä = heilig, näsi ist leider nicht übersetzbar), und lebhafte Stromschnellen namens Tammerkoski (koski = Stromschnelle) sprudeln und rauschen mitten durch die Stadt. Hier gibt es zahlreiche kulturelle Sehenswürdigkeiten. So lohnt beispielsweise ein Besuch des Domes (tuomiokirkko; kirkko = Kirche) mit seinen wirklich beeindruckenden Wandbildern, die der berühmte finnische Künstler Hugo Simberg gemeinschaftlich mit Magnus Enckell malte. Die Kirche selbst ist zwar nach unseren Begriffen nicht alt (erbaut 1902, seit 1923 Dom), gehört aber gerade wegen der ungewöhnlichen Darstellungen von Simberg, die zur Zeit ihrer Entstehung massive Kontroversen auslösten (»Der verwundete Engel«, »Der Garten des Todes«, »Girlandenträger«), zu den absoluten Höhepunkten eines Stadtrundganges.

Bevor wir uns nach der Dombesichtigung der kulinarischen Spezialität der Region zuwenden, müssen Sie sich diese kleine Essenspause allerdings erst verdienen. Dazu gehört, dass

Sie nicht nur den Dom gesehen haben, sondern noch ein oder zwei weitere der Attraktionen von Tampere besuchen. Außerdem sind Sie bestimmt noch gar nicht hungrig, so früh am Morgen, oder? Dann also: auf – beispielsweise – zum »Amuri«, dem Arbeitermuseum in der Makasiininkatu (makasiini = Magazin, katu = Straße). In den Räumen dieses Museums fühlen Sie sich in die Zeit um 1880 zurückversetzt und können das harte Leben der Arbeiterfamilien hautnah nachempfinden. Die Original-Einrichtungen in den zahlreichen Gebäuden des Museums führen Sie aus den Anfängen der Industrialisierung in Tampere (die Stadt kann als das wichtigste industrielle Zentrum Finnlands über Jahrzehnte angesehen werden und wird in vielen Reiseführern als finnisches »Manchester« bezeichnet) bis in die Neuzeit. Sie sollten sich für dieses Museum Zeit nehmen, denn die Fülle an Eindrücken und die einmalige Atmosphäre, in die Sie hier eintauchen können, verdienen Ihre Aufmerksamkeit. Bleiben Sie einfach einmal in einem der Räume stehen, und lassen Sie die Situation und Einrichtung auf sich wirken. Es gibt hier einen Konsumladen und eine Bäckerei aus den 30er Jahren, eine Schusterwerkstatt aus dem Jahr 1906 und ein Papier- und Kurzwarengeschäft aus der Zeit um 1940. Wichtig: Das Museum ist im Winter geschlossen, von Anfang Mai bis Mitte September ist es offen, montags ist Ruhetag.

Wesentlich kleiner, dennoch aber einen Besuch wert: das Leninmuseum, Hämeenpuisto 28, 2. Stock, täglich geöffnet (puisto = Park). Lenin hat sich in den Räumen wirklich aufgehalten und ist im Jahr 1903 hier erstmalig mit Stalin zusammengetroffen.

So, jetzt, denke ich, haben Sie ordentlich Appetit?! Denn nach diesen ausgiebigen Besichtigungen ist die Zeit schon vorgerückt, und das Butterbrot (finnisch: voileipä), das Sie sich hoffentlich als Proviant eingepackt hatten, ist wahrscheinlich inzwischen auch verspeist. Zudem quengeln die Kinder zunehmend, stimmt's? Was, Sie haben keine dabei? Schade, schade, dabei könnten Sie sie jetzt so schön vertrösten, auf das Mumintal-Museum (informiert über die Mumin-Familie, die bei Kindern so beliebten Trolle) beispielsweise oder/und den Vergnügungspark Särkänniemi (niemi = Halbinsel) mit seinen Karussells, seinem Aquarium und Delphinarium.

Aber Sie, Sie haben Hunger. Sehr gut, denn das ist die beste und unabdingbare Voraussetzung dafür, jetzt die original mustamakkara (wörtlich: »Schwarzwurst«) von Tampere zu probieren. Gibt's hier überall, an jedem »Grillikioski« (muss wohl nicht übersetzt werden) und wird in der Regel warm mit Preiselbeerkonfitüre oder kalt mit Milch genossen. Es handelt sich dabei um eine Blutwurst aus Schweineblut und -fleisch, Zwiebeln und beigemischtem Roggenmehl sowie Gewürzen. Die Tamperianer und die Leute aus der Umgebung schwören auf diesen Leckerbissen. Angeblich eröffnen sich beim Verzehr völlig neue Gedankenwelten – was mir durchaus realistisch erscheint, denn bis dato waren mir Mordgelüste an Wurstherstellern eher fremd ... Nun, meine kritische Einstellung zu mustamakkara (wobei ich durchaus gleichzeitig tolerant bin: Anderen mag das ja munden) hängt möglicherweise mit meiner Herkunft aus dem Land der Blut-, Leber- und sonstigen Würste zusammen.

Sind Sie nun gesättigt? Tampere hat nämlich noch viel mehr zu bieten, sowohl an Museen, als auch an Gebäuden und an den verschiedensten Veranstaltungen. Und eine Fahrt mit den Schiffen der Silberlinie führt Sie in die Unendlichkeit der finnischen Seen mit ihren Tausenden von Inseln und Inselchen, ein Wasserstraßengewirr, in dem man sich als Ortsunkundiger heillos verirren würde.

Dabei ist diese Ansammlung von Seen und Kanälen bei weitem noch nicht so ausgedehnt und vielfältig, so ursprünglich und unberührt wie die eigentliche Seenplatte im Südosten des Landes. Sie stellt mit ihren nach offiziellen Zählungen mehr als 42000 Seen das größte zusammenhängende Seengebiet Europas dar. Ihr Hauptsee, der Saimaa, erlaubt dem Wasserwanderer Fahrten über Hunderte von Kilometern, ebenso wie dem Segler, dem Jachtkapitän oder dem Reisenden, der sich lediglich gemütlich per Schiff über die Wasser schippern lassen möchte, möglichst auf einem historischen »Kahn«. Die ausgedehnten Wasser verbinden Imatra und Lappeenranta im Osten mit Savonlinna und seiner Burg Olavinlinna, mit Ristiina, Mikkeli, Kuopio und Joensuu, die Routen führen vorbei an Bauernhöfen, Sommerhäusern, Klöstern, Kirchen, unendlichen Wäldern und ungebändigten Stromschnellen, durch enge Schleusen, romantische Häfen. Es geht hinein in stille Buchten, wo es scheint, als sei die Fahrt zu Ende, bis sich plötzlich auf der rechten oder linken Seite der schmale Durchbruch zum nächsten See öffnet ... Es ist eine Landschaft von einzigartigem Reiz und unvergesslicher Einmaligkeit.

Stellen wir uns mal vor, wir sind in Kuopio: einer Stadt mit etwa 90.000 Einwohnern, umgeben von Wasser und Wald, aber dennoch lebendig und mit pulsierendem Leben erfüllt. Von hier aus fahren wir los, im Hafen liegt unser historisches Schiff: M/S Puijo. Der Morgen ist hell, der Himmel blau, wir haben – wie stets – gute Laune, und an Bord begrüßt uns die freundliche finnische Stewardess. Puijo (nach dem bekannten Berg in Kuopio benannt, von dessen Aussichtsturm man einen unvergleichlichen Rundblick genießen kann) war ursprünglich ein Dampfschiff, wurde aber 1990 zu einem Motorschiff umgebaut und stammt aus dem Jahr 1898. Diese alte, aber fesche Dame ist nicht sehr groß, etwa 28 Meter lang und etwas über sechs Meter breit, und bietet Platz für 150 Passagiere. Unsere Kabine, in der wir in Savonlinna nächtigen werden, ist klein und versetzt uns in die Zeit der dreißiger Jahre des vergangenen Jahrhunderts, als der Verkehr in dieser Gegend noch weitgehend mit Schiffen bewältigt wurde. Bot sich hier ja an. Mit rauschendem Kielwasser pflügt unser Schiff durch den See, aus den Bordlautsprechern tönt – glücklicherweise leise – Musik: Nein, nicht das Lied von der Loreley, das auf den Rheinschiffen bei der Fahrt um den gleichnamigen Felsen unsere japanischen Touristen bis zum Nichtmehrhörenkönnen beschallt, was glauben denn Sie? ... Wir sind doch in Finnland, an Bord sind überwiegend finnische Reisende!

Nein, was hört der Finne, wenn er Musik hört? Richtig: Tango. Jedenfalls meistens. Ganz selten hört er auch mal finnische Schlager der 60er, 70er und 80er. Aber sofort danach: Tango. Will er Abwechslung haben, dann mal finnische Schlager der 60er, 70er und 80er. Aber unbedingt sofort anschließend: Tango. Es sei denn, es handelt sich um einen etwas avantgardistischeren Radiosender. Dann sendet er auch mal finnische Schlager der 60er, 70er und 80er. Allerdings nur in den Pausen, zwischen den Tangoliedern. Und jetzt, stellen Sie sich vor, sind wir nicht nur in Finnland, sondern sogar in Savo. Jawohl, wir sind in Savo, einem Gebiet besonderer Art und besonderer Menschen, selbst für Finnland. Und daher sendet Radio Savo neben Tango und gelegentlichen finnischen Schlagern der 60er, 70er und 80er auch noch Sendungen, in denen gesprochen wird. Da können Leute aus Savo anrufen und beispielsweise erzählen, wie viele Pfifferlinge sie in diesem und dem vergangenen Jahr und vor zehn Jahren gefunden haben. Oder, wie viele Preiselbeeren. Oder, dass der Paavo, der Nachbar vom Hof direkt gegenüber (also in einer Entfernung von etwa vier Kilometern) vor einer Woche Geburtstag hatte, und alle da waren.

Bei dieser Sendung gibt es zwei Parteien, die reden: erstens der Moderator und zweitens weibliche Anrufer. Sind Finninen an der Strippe, hat der Moderator Sendepause. Möglicherweise geht er zwischenzeitlich in die Kantine, um einen Kaffee zu trinken. Zeit genug dazu hat er, denn die Anruferin wird ohne Punkt und Komma reden. Sind männliche Anrufer am Telefon, redet nur der Moderator und stellt kluge Fragen, der Anrufer äußert bedächtig: »No niin ...« und bekommt anschließend Zeit, seine Antwort zu überlegen und zu formulieren, weil der Sender einen Tango einspielt. Im Anschluss an dieses noch nie gehörte Musikstück führt der Anrufer, der geduldig in der Leitung geblieben ist, seinen Satz fort und beendet ihn: »Juu!« Dann kommentiert der Moderator diese Aussage und spielt zur Abwechslung einen Schlager der 60er, 70er oder 80er ...

Doch zurück auf unsere M/S Puijo: Wir gleiten inzwischen durch wunderschöne Engstellen zwischen Inseln, die Bewohner der Sommerhäuschen am Ufer winken freundlich, ab und zu kommt uns ein Segelboot oder eine Motorjacht entgegen, und die frische Luft macht uns hungrig. Sie haben schon wieder Hunger? Recht so! Schließlich sind wir nicht nur zum Vergnügen da. Und an Bord ist ein uriges Restaurant, wo es sogar Bier zu kaufen gibt. Und Sie haben ja gesagt, dass Sie hungrig sind. Mal sehen, was es hier gibt.

Mmm, lecker: gebratene muikku (Maränen) mit Kartoffelbrei. Aber was hat dieser ältere Finne mit den freundlichen Augen, der da an der Reling auf der Holzbank sitzt, neben sich liegen? Lächelnd gibt er Auskunft und bietet eine Kostprobe an: eine hiesige Spezialität, die noch dazu hervorragend zu einer Schiffsreise passt: »Kalakukko«!

Kalakukko??? ... Ich kann mir schon vorstellen, dass Sie gerne wissen möchten, was das ist. Ich verrate es Ihnen. Aber Sie müssen versprechen, davon zu probieren!

Wenn Sie einen kalakukko (Fischhahn; kala = Fisch, kukko = Hahn) kaufen, tun Sie das am besten (wenn Sie nicht gerade auf dem Schiff Richtung Savonlinna schippern) in Kuopio auf dem Marktplatz. Dort gibt es spezielle kalakukko-Verkaufsstände. Die Einheimischen wissen ganz genau, wer die besten macht, wer die richtigen Fische (Maränen oder Barsche) benutzt und den Roggenteig am leckersten backt. Es handelt sich nämlich um einen hohlen Brotlaib aus Roggenmehl, gemischt mit etwas Weizenmehl, der in seinem Inneren ein Gemenge aus Schweinefleisch und den oben erwähnten Fischlein enthält und – das entspricht wirklich der Wahrheit – ausgezeichnet schmeckt. Sie sehen, die etwas humorige Übersetzung als »Fischhahn« stimmt so nicht, Hühnerfleisch hat im kalakukko nichts zu suchen, und das »kukko« kommt in diesem Fall wohl nicht von dem finnischen Wort für »Hahn«, sondern hat wahrscheinlich ganz andere Ursprünge.

Kalakukko gibt es in verschiedenen Größen, und kunstgerecht gegessen wird er, indem man quasi den Deckel längs abschneidet und das schüsselartige Unterteil in Scheiben teilt. Das saftige Brot hat einen kernigen Geschmack, man isst das Ganze mit Butter (weil's so wenig Fett enthält ...) und trinkt

Milch dazu, heutigen Tags aber natürlich auch Bier oder »kalja«, eine Art hausgemachtes Malzbier. Kalakukko soll übrigens als »Konserve« erfunden worden sein, für Fischer und Seeleute (deswegen die Anmerkung, dass er so gut zu unserer Schiffstour passt). Tatsache ist wirklich, dass er sich ungeöffnet lange Zeit hält.

Ich sehe schon, Sie sind auf den Geschmack gekommen. Aber: Nehmen Sie nicht zu viel vom kalakukko, denn bald gibt es ein leckeres warmes Essen auf unserem Schiff, möglicherweise nicht nur die erwähnten muikku, sondern auch lihapulla mit Kartoffelpüree (Fleischklößchen – kennen Sie alle von Ikea ... übrigens: liha = Fleisch, pulla = in Kombination mit »liha« Klößchen, sonst aber süße Hefeteilchen) oder gar Rentierfleisch oder etwas Ähnliches. Und später, am Nachmittag, nachdem Sie wieder draußen an der Reling standen und die Ruhe der Natur auf sich haben wirken lassen (hier draußen hören Sie auch keine Tangomusik), vielleicht eine Schleusendurchfahrt erlebten, holen Sie sich einen guten Kaffee und verspeisen einen Mönch dazu. Wie bitte? Es gibt hier im Saimaagebiet zwar zwei orthodoxe Klöster, die man besuchen kann (Uusi Valamo, ein großes Männerkloster, sowie Lintula, ein kleineres Frauenkloster, beide sehr sehenswert), aber Kannibalismus, noch dazu von ehrwürdigen, sicherlich zähen Mönchen?

Ach ja, und schon wieder muss ich was erklären: Warum auch immer, aber aus – zumindest für mich – unerfindlichen Gründen bezeichnen die Finnen das zuckersüße Hefegebäck, das bei uns »ganz normal« Berliner oder auch Kreppel usw. genannt wird, als »munkki«, zu Deutsch: »Mönch«, diese Leckermäuler. Sie sind halt immer zu Scherzen aufgelegt, die Finnen, auch wenn sie diese wohlschmeckenden

Hefeteilchen ganz ernsthaft so nennen. Beißen Sie also ohne Bedenken in einen Mönch; es sei denn, Sie sind Diabetiker. Allmählich neigt sich der Tag. Obwohl: Halt mal, wir sind ja mitten im Sommer, und da wird es hier nicht dunkel. Die Uhr zeigt, dass die Zeit vorgerückt ist, und in etwa 1,5 Stunden werden wir in Savonlinna anlegen. Es ist nach wie vor warm, wir sind auf einer weiten Wasserfläche, die sich jetzt gegen Abend glatt wie ein Spiegel vor uns dehnt, denn der leichte Wind hat sich gelegt. Ganz gespannt sind wir schon auf Savonlinna, das von den Finnen so gerne als »Sommerstadt« apostrophiert wird, weil in der warmen Jahreszeit so viele Menschen sie besuchen und beleben, sie aber im Winter angeblich in den Winterschlaf sinkt.

Dort im Hafen werden wir auf »unserem« Schiff die Nacht verbringen, und am Morgen geht's dann wieder zurück, dieselbe Strecke, nach Kuopio. Heute Abend aber werden wir noch im Hotel am Hafen den Tag mit einem »Enkelin suudelma« (»Engelskuss«; enkeli = Engel, suudelma = Kuss) beschließen. Das leisten wir uns nach diesem einmaligen Tag, auch wenn Cocktails in Finnland nicht gerade billig sind – aber wo sind sie das schon.

Das Wichtigste in Kürze

1. einige Vokabeln

pyhä	heilig
järvi	See (der See, nicht die See)
koski	Stromschnelle
kirkko	Kirche
makasiini	Magazin, Lager

katu	Straße
puisto	Park
kala	Fisch
kukko	Hahn
voileipä	Butterbrot
leipä	Brot
niemi	Halbinsel
musta	schwarz
makkara	Wurst
muikku	Maräne
liha	Fleisch
pulla	in Kombination mit liha: Fleisch-klößchen sonst: süße Hefeteilchen
munkki	Mönch, aber auch das Gebäck »Berliner« oder »Kreppel«
enkeli	Engel
suudelma	Kuss

(umgangssprachlich: »pusu«)

2. einige Sprachregeln

Der Genetiv von »katu« lautet »kadun«.
Der Genetiv von »järvi« lautet »järven«, ebenso der Genetiv von »niemi«: »niemen«.
Trotzdem lautet der Genetiv von »enkeli« *nicht* »enkelen« sondern »enkelin« ...

3. und einige (nicht ganz ernst gemeinte) Verhaltenstipps

Singen Sie bitte nicht bei ihrem Schiffstörn über die finnische Seenplatte die »Loreley«. Auch nicht das Lied vom »schönen

Westerwald« (alles erlebt, ehrlich!). Genießen Sie lieber im »Salon« des Schiffes die alten Tangos usw. Wenn Sie mitsummen, werden Sie mit großer Wahrscheinlichkeit als echter Finne gelten. Selbst, wenn Sie einen Burnus oder Kimono tragen ...

»Mustamakkara«, also »Schwarzwurst«, gehört bei einem Besuch in Tampere ebenso unvermeidbar dazu wie die »Weißwurst« (AHA!!) in München. Oder das Berühren des goldenen Ringes im Gitter des berühmten Marktbrunnens in Nürnberg, ohne das man nicht von sich behaupten darf, in Nuremberg (so nennen die Amis diese Stadt) gewesen zu sein. Das heißt, ohne mustamakkara-Kostprobe waren Sie niemals in Tampere!

Von Savos Burg über Sahne und Heuwasser zurück nach Kuopio

Hat Sie das Plätschern der Wellen am Schiffsrumpf ins Land der Träume gebracht? Oder war der Tiefschlaf der vergangenen Nacht, trotz der beengten Kabinenverhältnisse auf »unserer« Puijo, eher die Folge diverser »Engelsküsse« und Bierchen während der lauen finnischen Sommernacht? Bei deren Helligkeit wurde es einem gar nicht bewusst, dass die Uhr schon deutlich nach Mitternacht zeigte, nicht wahr? Egal, Sie sehen ausgeruht aus, und so können wir rasch vor unserer Rückfahrt nach Kuopio noch den Markt in Savonlinna besuchen.

Savo ist, wie Sie sich bestimmt längst gemerkt haben, der Name des süd-/mittelfinnischen Gebietes, in dem wir uns gerade aufhalten. Und »linna« heißt zu Deutsch »Burg«. Mit Ihren nun schon etwas reiferen Finnisch-Kenntnissen können Sie sicher unschwer übersetzen: Savonlinna bedeutet ... Nun? Korrekt: »Savos Burg« oder »Burg von Savo«. Wobei die eigentliche Burg, die auf Felsen inmitten des Wassers hoch aufragt, »Olavinlinna« heißt, demnach »Olafs Burg« (Olavi = Olaf). Interessiert uns aber momentan nicht, wir wollen zum Markt. Der ist direkt um die Ecke, denn der tori (»Markt« oder »Marktplatz«) grenzt direkt an den kleinen Hafen von Savonlinna. Es sind von unserem Schiff aus allerhöchstens 100 Schritt.

Waren Sie schon einmal auf einem finnischen tori? Es ist ein Erlebnis. Denken Sie allerdings daran, falls Sie Ihren Hund mit in den Urlaub genommen haben (was heute gegenüber früher unproblematisch ist, zumindest in Bezug auf die Einreisebestimmungen. Denn vor noch nicht allzu langer Zeit musste Ihr Wauwau für wahre Ewigkeiten in Finnland in Quarantäne, bevor Sie ihn in Empfang nehmen konnten. Was mir übrigens Gelegenheit gibt, Ihnen eine weitere (wahre!) Anekdote zu schildern: Freunde von uns, sie Finnin, er Deutscher, wanderten nach Finnland aus. Ihre Hündin Salli musste selbstverständlich mit, und ebenso selbstverständlich nahmen die beiden »Einwanderer« in Kauf, dass ihr vierbeiniger Liebling für Monate in einer eigens dafür vorgesehenen Unterkunft in Finnland untergebracht wurde, fernab von Herrchen und Frauchen. War ja einsehbar, die Entscheidung, schließlich sollte Salli keine Krankheiten nach Suomi einschleppen. Kostete allerdings auch eine Stange Geld, das Ganze. Gut und schön, unsere beiden Freunde lebten sich in Espoo, nordwestlich von Helsinki gelegen und direkt an die Hauptstadt angrenzend, hervorragend ein. Was ihnen zum Glück fehlte, war: Salli. Wie erstaunte und überraschte es sie aber, als sie an einem Wochenende beim Strandspaziergang mit lautem und freudigem Gebell begrüßt wurden! Konnte es möglich sein? Aber ja, der Quarantäne-Beauftragte ging dort unbeschwert und locker mit Salli am Strand spazieren ... Und hatte sie sogar von der Leine gelassen! Soviel zur damals hochstilisierten Quarantäne und zum internationalen Phänomen der Bürokratie, die in Finnland ebensolche Blüten treibt wie bei uns ...), also, um nochmal von vorne anzufangen: Falls Sie Ihren Vierbeiner mit in den Urlaub genommen haben, sollten Sie wissen: In Finnland dürfen Hunde nicht auf irgendwelche Märkte. Auch nicht in irgendwelche Lokale. Auch nicht auf irgendwelche Terrassen irgendwelcher Lokale, selbst, wenn sie ringsum von Wiesen umgeben sind. Auch Katzen gehören nach Auffassung vieler Finnen an die Leine. KEIN Witz! Es gibt in zahlreichen finnischen Gemeinden entsprechende Gemeinderatsbeschlüsse. Mit einem Hund als Reisebegleiter ist es aus dieser Sicht eindeutig lockerer, seinen Urlaub in Belgien zu verbringen: Da sitzen die kleinen und großen Beller mit am Tisch und erhalten unter Umständen sogar von Frauchens Eislöffel den ihnen gebührenden Anteil (mit den Bellern sind übrigens nicht die jeweiligen Ehemänner gemeint ...).

Ach, diese Erklärungen und Hinweise ... Wenn wir uns jetzt nicht sputen, fährt unsere »Puijo« ab, und wir sind nicht auf dem Markt von Savonlinna gewesen. Dabei ist es dort wirklich schön, klein und beschaulich. Es gibt mancherlei Korb- und Holzwaren, geschnitzte Türgriffe, die Bären, Elche, Seehunde (denn im Saimaagebiet lebt tatsächlich eine spezielle Ringelrobbenrasse: Die Finnen nennen sie »norppa«) und andere Motive darstellen, Strick- und Häkelmützen, Wacholderholzdosen und -döschen, auch frisches Gemüse und Obst. Irgendwo zwischendrin sitzt ein Bauer und verkauft Erbsen, Möhren und Kartoffeln (sein Bestand beläuft sich allerdings erfahrungsgemäß auf drei bis vier Karotten und nicht wesentlich mehr Kartoffeln), und es gibt T-Shirts, Pullover und vieles mehr. Alles ist bunt gemischt, und die Atmosphäre ist finnisch-stilvoll, das heißt, leise. Marktschreier sind hier in der Regel unerwünscht.

Sie blicken sich so suchend um? Es scheint Ihnen zu gefallen. Verständlich. Wie bitte? Sie sind hungrig? Und das am frühen Morgen?! Nun ja, um ehrlich zu sein, ich auch. Kommen Sie, wir gehen hier am Markt ein omenalörtsy essen (omena = Apfel, lörtsy ist leider nicht übersetzbar). Das ist, wenn Sie so wollen, ein plattgedrückter munkki mit Apfelfüllung. Übrigens sehr plattgedrückt, denn er hat etwa die Ausdehnung eines Pfannkuchens. So ein lörtsy – das es übrigens auch als lihalörtsy gibt (Sie erinnern sich: liha = Fleisch) – schmeckt richtig gut und sättigt. Wir bemerken, die Finnen verstehen tatsächlich was vom Essen. Natürlich haben sie auch Ahnung vom Trinken ... Aber diesbezüglich, glaube ich, sollten wir Deutschen eher etwas vorsichtig mit unseren Urteilen über fremde Trinkgewohnheiten sein.

Auf dem Weg zurück zum Schiff genießen wir noch einmal den herrlichen Blick vom Hafen über das Wasser. Savonlinna hat seinen ganz eigenen Reiz, und es erscheint kaum vorstellbar, dass diese kleine Stadt ein so bedeutendes kulturelles Zentrum Finnlands ist, was Opern und Musik angeht, zumindest in den Sommermonaten. Denn die alljährlich in der Burg stattfindenden Opernfestspiele locken stets Tausende von Gästen an, und das liegt nicht nur am pittoresken, romantischen Ambiente, sondern besonders daran, dass sich hier namhafte nationale und internationale Sängerinnen und Sänger sowie Instrumentalisten ein Stelldichein geben. Weltberühmt ist diese Veranstaltung, das kann man mit Fug und Recht behaupten. Karten sind nur mit langen Vorlaufzeiten zu ergattern, und es ist für jeden finnischen Musiker eine große Ehre, hier auftreten zu dürfen. Das besondere Flair der Konzerte, wenn die Burg (erbaut 1745) am Abend erleuchtet ist und man (früher sogar mit einem Boot, inzwischen über eine Pontonbrücke, die für durchfahrende Schiffe zur Seite gefahren wird) hinübergeht vom »Festland« auf die Felseninsel, die Musik, die aus den historischen Mauern entschwebt in die umgebende Natur: Diese Stimmung ergreift und erfasst wohl jeden.

Wenn wir mehr Zeit hätten, wären hier in Savonlinna noch einige Dinge zu entdecken, angefangen von den Museumsschiffen, die in der Nähe der Burg im Wasser liegen und gegen eine geringe Gebühr zu besichtigen sind, bis hin zu den wechselnden Ausstellungen im sog. Maakuntamuseo (frei übersetzt: Regionalmuseum; maa = Land, Boden, kunta = Gemeinde, maakunta = Landschaft, Provinz, museo = Museum).

Auch in der Umgebung verbirgt sich manches Kleinod. Da ist an erster Stelle Punkaharju zu nennen, jener schmale, weit geschwungene Landrücken, den die Eiszeit als Moräne gebildet hat. Diese ungewöhnliche Formation, die in Finnland jeder kennt, ist fast durchgängig so schmal, dass auf ihrem Rücken nur die Straße Platz findet. Über eine Strecke von mehr als sieben Kilometern fällt beidseits die Böschung in die umgebenden Wasser des Saimaa ab, an manchen Stellen mehr als 30 Meter. So windet sich Punkaharju kurvenreich durch den See, bewachsen mit den für Finnland so typischen Birken und vor allem Kiefern, und die Stimmung am frühen Morgen, bei aufgehender Sonne, oder am Abend, wenn sich die Wasserfläche in den verlöschenden Strahlen orange, rot und rosa färbt, ist unbeschreiblich. Leider ist Punkaharju etwa 25 Kilometer von Savonlinna entfernt und mit öffentlichen Verkehrsmitteln (außer per Schiff als Ausflugsfahrt vom Hafen aus) nicht erreichbar. Hier ist ein Auto sehr hilfreich.

Das gilt allerdings grundsätzlich für Finnland, denn obwohl das öffentliche Verkehrsnetz mit Bussen, Bahnen und auch Flugzeugen außerordentlich gut ausgebaut ist, sind die Entfernungen eben doch groß. Zahlreiche Ziele sind – man muss es leider sagen – einfach ohne eigenes Fahrzeug gar nicht oder nur sehr mühselig und unter großem Zeitaufwand erreichbar. Dazu kommt, dass auf vielen Strecken in den ländlichen Regionen die Busverbindungen auf die Schülerinnen und Schüler abgestellt sind, mit der Folge, dass während der langen Sommerferien (2,5 Monate!) die Busse nicht fahren. Manche Gemeinden haben übrigens statt der großen Omnibusse kleinere Fahrzeuge, beispielsweise Kleinbusse, eingesetzt, die zu bestimmten Zeiten angefordert werden können. Auf Finnisch heißt diese Form des öffentlichen Verkehrs »palvelu-liikenne« und wird »PALI« abgekürzt (palvelu = Dienst, liikenne = Verkehr). Bei uns gibt's etwas Ähnliches als sog. »Anruf-Sammeltaxis«, allerdings existiert ein solcher Service in Deutschland meiner Kenntnis nach nur in Städten.

In Finnland dagegen gibt es diese Superidee durchaus auch auf dem »platten Land«, und es ist für einen der finnischen Sprache zumindest in Ansätzen Mächtigen ein ganz besonderes Erlebnis, eine derartige Fahrt mitzumachen. Stellen Sie sich vor, es geht vom, na sagen wir mal, Zentrum Leppävirtas (eine Gemeinde in Mittelfinnland) zu einem der kleineren »Dörfchen«, sagen wir mal: nach Sorsakoski, etwa zehn oder zwölf Kilometer entfernt. Mit PALI ist vereinbart: Um 14 Uhr geht es am Marktplatz los. Der Kleinbus eines örtlichen Taxiunternehmers, der im Auftrag der Gemeinde fährt, hat acht Sitzplätze, inklusive dem für den Fahrer. Mit Ihnen warten um 13.50 Uhr sechs Finninnen und Finnen auf den Transport, eine siebte Finnin kommt eine Minute vor 14 Uhr. Durchschnittsalter der Fahrgäste: 82 Jahre, wobei Ihr jugendliches Alter den Durchschnitt schon ganz schön nach unten zieht ... Durchschnittliches Körper-Gewicht der Fahrgäste: 96 Kilogramm, wobei – ich bin ein höflicher Mensch – ich mal davon ausgehe, dass auch hier Ihr Gewicht den Durchschnittswert absenkt ... Durchschnittliche Tüten-, Taschen-, Kisten- und Korbmengen pro mitreisender Person:

drei bis fünf … Einer hat schon das Weihnachtsgeschenk für seinen Enkel gekauft, weil's im Sommer billiger ist: ein Paar Langlaufskier. Inkl. Stöcken. Inkl. Skischuhen. Eine ältere Dame schleppt einen größeren Sack »huusiturve« mit, eine Art Mulchmaterial zum Abdecken für das Plumpsklo zu Hause. Jussi schwärmt von den frischen muikku, die es auf dem Markt gab, er hat zwei Kilogramm davon erstanden und lässt gerne jede und jeden, einschließlich Ihrer Person, mal daran schnuppern, damit auch alle überzeugt sind, dass es sich um wirklich frische Ware handelt. Seine Fischlein liegen, gut in Papier verpackt, oben auf dem Pullover, den er für seine Frau Maare aus der Reinigung geholt hat. Seine Nachbarin aus Sorsakoski war heute beim Arzt im Gesundheitszentrum (Finnisch: terveyskeskus, terveys = Gesundheit, keskus = Zentrum) und hat dort wegen ihrer Rückenbeschwerden eine Spritze bekommen. Die tut ihr jetzt, wie sie lautstark berichtet, so weh, dass sie die Rückenschmerzen nicht mehr spürt. Jussi nickt verständnisvoll: Ja, das hat er auch schon mal erlebt, seitdem geht er nicht mehr dahin, sondern reibt sich bei Rückenschmerzen immer mit der Pferdesalbe ein, die er noch von seinem Vater im Stall gefunden hat. Vorher geht er aber immer erst mal in die Sauna, das erhöht die Wirkung der Salbe ungeheuer. Virpi findet, dass der Sommer in diesem Jahr viel kälter ist als der vom letzten Jahr oder gar der vom vorletzten. Außerdem gibt's kaum Preiselbeeren, weil alle die schon pflücken, wenn sie noch unreif sind, nur damit die anderen keine bekommen. Und wieder nickt Jussi voller Verständnis: Ja, ja, so ist es, er geht überhaupt nicht mehr Beeren sammeln, wozu auch, wenn alle anderen sie schon gesammelt haben. Inzwischen ist es kurz nach 14 Uhr, und der Taxifahrer fordert höflich, aber bestimmt zum Einsteigen auf. Was man denn auch tut. Es ist etwas eng, aber was soll's, man rückt zusammen. Die Gepäckstücke werden unter den Sitzen, zwischen den Beinen und auf dem Schoß verstaut, auch Sie dürfen was halten, nämlich Jussis Tüte mit Pullover und muikku. Schließlich haben Finnen keine Vorurteile gegenüber Ausländern, solange die sich anständig benehmen, den Mund halten und widerspruchslos neben Jussis Tüte auch noch den Sack mit huusiturve in Empfang nehmen. So sitzen Sie, eingequetscht zwischen den beiden Sorsakoskianern. Und während gerade noch Ihre Nasenspitze und Ihre verwunderten großen Augen über den Rand der Tüten sichtbar sind, wird vom Fahrer schnell eine Rolle Dachpappe reingeschoben, die er seinem Kumpel Kari versprochen hat mitzubringen. Mit etwas Kraftaufwand gelingt es ihm, die Tür zu schließen, und los geht's.

Sie sind der Meinung, die Fahrt ginge jetzt nach Sorsakoski? So ganz Unrecht haben Sie nicht, aber leider auch nicht so ganz Recht: Virpi wird nämlich erst mal zu ihrem Häuschen gebracht, etwa drei Kilometer seitab im Wald. Von da geht's weiter zu Mirkko, der die ganze Fahrt über geschwiegen hat und glücklich seine neuen Stiefel betrachtet, deren lebhafter Gummigeruch (denn aus diesem Material wurden sie hergestellt) sich unvergesslich mit den Düften der muikku vermischt. Mirkko lebt als einsamer Bauer an einem See, der Holperweg dorthin und zurück wird jedoch von allen im PALI Anwesenden klaglos hingenommen. Schließlich gewinnt man auf diese Weise etwas mehr Zeit, sich über die vielen neuen Baugebiete zu unterhalten, die in den letzten Jahren im Kirchdorf entstanden sind, und wo man auf keinen Fall, nein, aber auf gar keinen Fall wohnen wollte... Die Gemengelage hinsichtlich der Düfte im Kleinbus ist inzwischen undefinierbar geworden, allerdings stechen die muikku doch noch deutlich hervor. Liegt aber vielleicht auch daran, dass Sie die entsprechende Tüte direkt vor Ihrer Nase haben, denn Jussi ist nun mal der Letzte, der aussteigt. Und mit verschmitztem Lächeln lädt er Sie zu sich nach Hause zum muikku-Essen ein – und das, ist es nicht so?, versöhnt Sie mit allem.

So ist das mit den PALI-Fahrten. Wir aber, wir starten jetzt endgültig mit »Puijo« nach Kuopio. Wir biegen um die Landzunge, von der aus die Brücke nach Olavinlinna führt. Die Pontons sind jetzt zur Seite gefahren, weil unser »Ozeandampfer« ansonsten nicht durch die dortige Enge käme. Es liegt erneut ein wunderschöner Tag vor uns, und wir gleiten in beschaulichem Tempo über die weiten Wasser des Saimaagebietes. Es scheint, als sei die Zeit stehen geblieben.

Jedoch: Wir sind in Finnland, dem Land nicht nur der tausend Seen, sondern auch der Sauna, und entsprechend kann eine solche Schiffsreise, die den ganzen Tag über dauert, nicht ohne Saunabesuch von Statten gehen. Zudem ist heute Mittwoch (M/S Puijo startet jeweils montags, mittwochs und freitags von Savonlinna und dienstags, donnerstags sowie samstags von Kuopio), der Wochentag, an dem alle anständigen Finnen traditionell in die Sauna gehen. Das tun sie zwar vor allem samstags, aber auch am Montag, Dienstag, Mittwoch, Donnerstag, Freitag und Sonntag. Feiertags sowieso, außerdem zu Weihnachten, Neujahr, Ostern, an Juhannus (Mittsommertag), an ihrem Geburtstag, an dem ihrer Frau oder Freundin oder Geliebten, am Hochzeitstag, am Scheidungstag, und ggf. auch am Tag ihrer eigenen Beerdigung ... Wir schauen uns daher nochmals auf »unserer« Puijo um, denn am vorhergehenden Tag waren wir so fasziniert von der

Landschaft, die an uns vorüberzog, dass wir unsere altehrwürdige, eiserne Dame gar nicht so recht erforscht haben. Und richtig: Da steht tatsächlich an einer schmalen Holztür: Sauna! Ist es zu glauben?! Es ist zu glauben, und schon am frühen Nachmittag können wir erleben, dass zum Saunabesuch eingeladen wird. Nicht lange danach legt »Puijo« an einem Holzsteg an, der Kapitän erscheint und teilt mit, dass wir eine halbe Stunde Aufenthalt haben, damit die Saunagäste direkt neben dem Schiff im klaren Wasser schwimmen, herum planschen und sich abkühlen können. Und Sie, als mit finnischer Lebensart inzwischen einigermaßen vertraut und durch nichts mehr zu erschüttern, erleben, wie tatsächlich eine ganze Anzahl junger und älterer Mitreisender fröhlich aus der Sauna stürmt und ins Wasser springt. In Badekleidung selbstverständlich! Denn was die unerfahrenen Mitteleuropäer sich so vorstellen, bezüglich Freizügigkeit in der finnischen Sauna: Werfen Sie es in den Müll, denn es stimmt nicht! In Finnland wird die Sauna streng getrennt nach Geschlechtern besucht, allenfalls Eltern und ihre Kinder gehen gemeinsam hinein. Ansonsten gilt: Männlein für sich und Weiblein für sich.

Pünktlich nach dreißig Minuten hustet unsere Puijo mal, will sagen, tutet kurz, alles kommt wieder an Bord, und ab geht's, weiter Richtung Kuopio. Dabei berühren wir bald einen Ort mit dem lustigen Namen »Kerma«, was auf deutsch »Sahne« bedeutet. Woher dieser Name stammt, ist mir leider unbekannt. Hier gibt's eine weitere finnische Spezialität: nämlich einen sog. »Tanzplatz«. In einem weiteren Buch über Finnland und die Finnen, das ich verfassen werde, wenn das vorliegende »Werk« von Ihnen, liebe Leserinnen und Leser, angenommen wird, werde ich über diese Einrichtung – neben zahlreichen anderen Dingen – genauer berichten.

Überhaupt gibt es hier zahlreiche Orte mit lustigen Namen, die in vielen Fällen vor allem die Verbundenheit der hier lebenden Menschen mit der sie umgebenden Natur symbolisieren. Einen davon laufen wir mit unserem Schiff schon kurz hinter »Sahne« an: »Heinävesi«, zu Deutsch »Heuwasser« (heinä = Heu, vesi = Wasser). Heinävesi ist ein hübscher Ort, mit einer exponiert liegenden Holzkirche, deren Turm weit auf den See hinaus leuchtet. Aber wir finden noch eine ganze Reihe von Ortschaften mit witzigen oder ungewöhnlichen, einprägsamen Namen in dieser Gegend, die wir allerdings bei unserer Schiffsreise nicht berühren: Zwei davon kennen Sie schon, aus der Erzählung über die Fahrt mit PALI. Das ist »Leppävirta«, auf Deutsch »Erlenstrom«, der andere heißt »Sorsakoski«, was in unserer Sprache »Enten-Stromschnelle« bedeutet. Dann gibt es noch »Oravikoski« = »Eichhörnchen-Stromschnelle« und »Enonkoski« = »Onkels-Stromschnelle« (Sie merken schon: »koski« heißt im Deutschen »Stromschnelle«, »eno« ist übrigens die Bezeichnung für den Onkel mütterlicherseits! Der Onkel von Vaters Seite her wird »setä« genannt). Oder: »Rantasalmi« = »Strandenge«, »Kangaslampi« = »Stoffweiher«/»Heideweiher« und »Jännevirta« = »Sehnenfluß«.

Den Vogel allerdings schießt die Stadt Varkaus ab, zwischen Mikkeli und Kuopio gelegen: Ihr hübscher Name bedeutet auf Deutsch nichts anderes als ... »Diebstahl«. Na dann.

Unsere liebe, alte »Puijo« nähert sich Kuopio. Die Silhoutte der Stadt ist schon am noch fernen Seeufer zu erkennen, wir lassen uns den frischen und doch so milden Abendwind noch kurz um die Nase wehen, bis wir im Hafen anlegen. Morgen ist ein neuer Tag: Welche Erlebnisse wird er uns bringen, was gibt es hier in der achtgrößten finnischen Stadt (etwa 90.000 Einwohner, gegründet 1782 von Per Brahe) zu entdecken? Eigentlich sind wir für heute von den Eindrücken gesättigt und müde ... Sie nicht? Ihr Durchhaltevermögen ist bewundernswert! Also gut, gehen wir halt noch auf ein Bier und einen kleinen Abendsnack ins »Wanha Satama«, direkt am Hafen. Das ist ein gemütliches Restaurant in einem alten Hafenspeichergebäude, das allerdings nur im Sommer geöffnet hat. »Wanha Satama« entspricht im Deutschen der Bezeichnung »Alter Hafen«, wobei gesagt werden muss, dass »wanha« mit »w« die inzwischen längst veraltete Schreibweise ist, im modernen Finnisch schreibt man »vanha« mit »v« (so wurde auch unsere »Diebstahl«-Stadt Varkaus früher »Warkaus« geschrieben). Wir merken uns: vanha = alt, satama = Hafen. Und damit soll es für dieses Mal genug sein.

Das Wichtigste in Kürze

1. einige Vokabeln

linna	Burg
tori	Markt, Marktplatz
Olavi	Olaf
omena	Apfel
maa	Land, Boden, Erde
kunta	Gemeinde
maakunta	Provinz, Landschaft
museo	Museum
palveluliikenne	»Öffentlicher Verkehr«
palvelu	Dienst
liikenne	Verkehr
terveyskeskus	Gesundheitszentrum

terveys	Gesundheit
keskus	Zentrum
kerma	Sahne
eno	Onkel (von Mutters Seite her)
setä	Onkel (von Vaters Seite her)
vanha	alt
satama	Hafen

2. einige Sprachregeln

Die Bezeichnung für Onkel wird stets dem Eigennamen der betreffenden Person angehängt. Beispiel: Der Onkel heißt Jussi und ist der Bruder der Mutter. Dann ist er »Jussi-eno«. Ein anderer Onkel heißt z. B. Lauri und ist der Bruder des Vaters. Dann ist seine Bezeichnung »Lauri-setä«.
Der Genetiv Singular von »kunta« ist »kunnan«. Der »Gemeindehafen« wäre demnach »kunnansatama«.

3. und einige (nicht ganz ernst gemeinte) Verhaltenstipps

Wenn möglich, vermeiden Sie auf dem Markt jeden Versuch, vom Preis eines Artikels etwas herunterzuhandeln! Finnen verstehen in dieser Hinsicht keinen Spaß. Der anschließende Redeschwall, der sich – ganz im Gegensatz zur sonstigen Schweigsamkeit – in bestem Savo über Sie ergießen wird, wird Sie für die nächsten 30 Minuten nicht zu Wort kommen lassen. Schließlich hat das Flechten des Birkenrindenkorbes von Hand, den Sie erstehen möchten, viel Arbeit gemacht. Eigentlich müsste er noch teurer sein, zumal, wenn ein so traditionsreiches Produkt in ausländische Hände gelangen soll usw. usf. Bezahlen Sie widerspruchslos die geforderte Summe. Ihre Nerven und Ihr Gemüt werden es Ihnen danken.

Sind Sie zu Gast bei einer finnischen Familie und werden in die Sauna eingeladen, ist das – wirklich – eine ganz besondere Auszeichnung. Möchten Sie allerdings möglichst rasch vor die Tür gesetzt werden, so machen Sie Ihren Gastgebern eine Freude: Hüpfen Sie als Mann splitterfasernackt vor der finnischen Ehefrau bzw. als Frau im Evaskostüm vor ihrem finnischen Mann herum und erwarten Sie, dass alle Anwesenden gemeinsam die Sauna besuchen. Es wird Ihre einzige und letzte Einladung zu einer finnischen Familie im gesamten Land bleiben ...

Danke, danke, von dem Geschenk, Deinem!

Ist es nicht immer wieder ein schönes Gefühl, wenn man nach einer Reise liebe Bekannte sieht? Auch, wenn es lediglich ein Schiffstörn über zwei Tage von Kuopio nach Savonlinna und zurück war: Es tut gut, von den Erlebnissen und Eindrücken erzählen zu können, stimmt's? Und so freuen wir uns, als wir unsere finnischen Freunde Sirkka und Seppo in Kuopio treffen. Der berechtigte Stolz auf ihr Land spricht aus ihren Fragen, und ihre Überraschung über das kleine Mitbringsel aus Savonlinna, den geschnitzten Türgriff für die Sauna in Form eines Bären, ist ganz offensichtlich echt. Besonders Seppo, der selbst wie ein großer Teddybär wirkt, ist richtiggehend »weg« und gibt seiner Begeisterung mit den Worten Ausdruck: »Kiitos, kiitos lahjastasi!« Hat völlig vergessen, der Bursche, dass unsere Finnisch-Kenntnisse sich noch nicht auf den Gipfeln des Sprachgebirges befinden, sondern eher irgendwo in den dunklen, tiefen Tälern des Nichtwissens herumdümpeln, in die allenfalls gelegentlich mal ein Sonnenstrahl des Verstehens dringt ... »Kiitos, kiitos, lahjastasi ...«: Wir verstehen nur kiitos = Danke, denn die Bedeutung dieses Wörtchens haben wir längst mitbekommen, seit wir in Helsinki gelandet sind. Aber »lahjastasi«? Hört sich irgendwie an wie ... ja, wie was eigentlich, jedenfalls unverständlich.
Sie grübeln immer noch? Nur Mut, fragen Sie doch Sirkka, Seppos Angetraute, die spricht schließlich recht gut Deutsch. Und, was sagt sie? Aha: lahjastasi heißt »für dein Geschenk«. Gut, gut, aber wo steckt da das »für«, und wo steckt das »Dein«? Sirkka lacht, wieder mal! Die soll mal nach Deutschland kommen, da zeigen wir ihr mal, wie schwierig Deutsch ist...!

Aber klar, Sie möchten selbstverständlich Aufklärung, und die sollen Sie haben: »lahja« ist das finnische Wort für »Geschenk«. Die Finnen kennen keine Präpositionen wie wir Deutschen oder auch andere Nationen, sondern bilden die jeweilige Form durch das Anhängen entsprechender Endungen. Und eigensinnig, wie sie sind, sagen sie in unserem Beispiel nicht wie alle verständigen Menschen »für das Geschenk«, sondern »von dem Geschenk«. So sind sie, die Finnen. Jedes andere vernunftbegabte Volk sagt: »Danke für das Geschenk!«, beispielsweise der Engländer: »Thanks, for your present!«, der Schwede: »Tack för din gåva!«, der Franzose (sogar der!!): »Merci pour ton cadeau!«, der Italiener: »Grazie per il tuo attuale!«, der Spanier; »Gracias por su presente!« Aber die Finnen, die sagen »von dem Geschenk« und hängen dieses »von« gar noch hinten dran: »lahja« wird zu »lahjasta«.

Zum besseren Verständnis nenne ich Ihnen noch einige andere Beispiele: »satama« heißt, wie Sie wissen, »Hafen«. »vom Hafen« lautet also im Finnischen: »satamasta«. Entsprechend: kirkko = Kirche, »von der Kirche« = »kirkkosta«, puisto = Park, »vom Park« = »puistosta«. Natürlich ist diese Erklärung wieder mal vereinfacht, aber für unsere Zwecke reicht sie, denke ich.

Sie wundern sich? In Ordnung, Sie dürfen sich noch weiter wundern, denn es bleibt bisher die Frage offen, wo das »Dein« in Seppos beispielhafter Danksagung »Kiitos, kiitos, lahjastasi!« steckt. Ich weiß, es ist anstrengend, und es tut mir leid, wenn dieses Kapitelchen für Sie kompliziert wird, aber so ist die finnische Sprache nun mal. Manche behaupten, sie sei das Spiegelbild der finnischen Seele ...

Bestimmt ist Ihnen aufgefallen, dass an der »von«- und

»für«-Erklärung was fehlt, wenn man obigen Satz von Seppo liest. Da folgt dem »lahjasta« noch ein »si«. Genau!! Sie haben es entdeckt! Auch da hängen die Finnen noch was dran, die alten Anhängerspezialisten (ob das was zu tun hat mit den vielen Anhängern, die sie an ihren Autos quer durchs Land ziehen?). Das deutsche »Dein« wird hier durch das Anhängsel »si« ausgedrückt. Wir begreifen: »lahja« = »Geschenk«, »lahjasta« = »für das Geschenk«, »lahjastasi« = »für Dein Geschenk«. Die wörtliche Übersetzung für Seppos Dankeschön wäre: »Danke, danke, von dem Geschenk, Deinem!« (siehe Kapitelüberschrift). Das ist natürlich Quatsch, so kann man nicht übersetzen, aber es klingt irgendwie lustig, nicht wahr?

Nur der Vollständigkeit halber sei kurz erwähnt, dass es im echten Hochfinnisch genau genommen »Kiitos, kiitos sinun lahjastasi!« heißen müsste. Aber das sagt so ungefähr niemand, also vergessen Sie das einfach. Auch die weiteren grammatikalischen Regeln, die bei derartigen Gelegenheiten relevant sein könnten (z. B. für andere Personen, die Ihnen ein Geschenk überreichen bzw. eines von Ihnen erhalten), sind so kompliziert (lahjastani, hänen lahjastaan, heidän lahjoistaan ...), dass wir sie vernachlässigen wollen. Am besten tauschen Sie stets nur mit einer einzelnen Person ein einzelnes Geschenk aus, wobei Sie sich mit dem Beschenkten bzw. Schenker duzen, dann kann nicht viel passieren ... Das Duzen ist übrigens in Finnland ganz überwiegend üblich.

Nun aber zurück nach Kuopio, das eine ganze Reihe von Sehenswürdigkeiten bietet. Das Schöne ist, dass ein großer Teil davon in der Innenstadt gelegen ist und somit zu Fuß erreicht werden kann. Um die richtige Einstimmung zu bekommen, sollten Sie vielleicht als Erstes auch hier den Markt besuchen, der das eigentliche Zentrum von Kuopio bildet und wesentlich ausgedehnter ist als der Markt in Savonlinna. Zudem lohnt sich ein Besuch in der Jugendstil-Markthalle, die 1902 erbaut wurde. Ist Ihnen beim Betrachten dieses hübschen Gebäudes aufgefallen, dass die Reliefs der Fassaden auf der einen Seite Winter-, auf der anderen Sommermotive zeigen? Im Inneren erkennt man noch die ursprüngliche Gliederung der Halle durch Holzeinbauten, wodurch zahlreiche kleine, nischenartige Verkaufsstände entstehen, die sich zum Gang hin nur auf eine Breite von vielleicht drei Metern öffnen. Heutigen Tags sind allerdings in der Regel mehrere dieser Verkaufsabteilungen zusammengefasst, um den »modernen« Ansprüchen zu genügen. Dennoch herrscht hier immer noch eine ganz eigene Atmosphäre, es gibt regionale Leckereien, Gemüse usw. und im Eingangsbereich auch Souvenirs zu erstehen.

Auf dem Marktplatz, der schon seit Anfang des 19. Jahrhunderts Dreh- und Angelpunkt für die Bauern und Händler der Region darstellt, sind sämtliche jahreszeitbezogenen Fressalien der Gegend erhältlich. Machen Sie es wie die Finnen: Kaufen Sie sich eine große Tüte zuckersüßer Erbsen (Finnisch: herneitä. Merke: herne = Erbse, herneitä = Erbsen) und verspeisen Sie sie, ggf. direkt mit den zarten Schoten, an Ort und Stelle. Dieser Erbsengenuss gehört – zumindest in Kuopio – unbedingt zu einem Marktbesuch dazu. In der Nähe der Markthalle bieten in der Regel einige wenige Flohmarkthändler ihre Waren an. Obwohl das Angebot nur recht beschränkt ist, macht es Ihnen vielleicht doch Spaß, dort ein bisschen zu stöbern; mit etwas Glück finden Sie unter den Büchern auch irgendein altes deutsches Werk. Allerdings sind erfahrungsgemäß die Preise recht gepfeffert. Man kann sich da teilweise nur wundern ... Und hier auf dem

Marktplatz können Sie auch den schon früher erwähnten kalakukko bekommen, von dem Sie auf dem Schiff probierten, und der Ihnen so gut schmeckte.

Apropos kalakukko: Ich sehe schon, Sie haben wieder einmal Appetit und möchten etwas zwischen die Zähne haben. Erbsen genügen Ihnen offenbar nicht. Nun, dem Hunger kann abgeholfen werden: Wir marschieren einfach zu einem der Kiosks auf dem Platz und besorgen uns einen »hot dog«, wie die Amerikaner und auch die Deutschen dieses wurstgefüllte Brötchen nennen. Dabei können Sie wieder einmal eine für Finnland typische Feststellung machen: Der »hot dog« heißt hier nicht »hot dog«, sondern »kuuma koira«. Das wiederum bedeutet auf Deutsch nichts anderes als »heißer Hund« (kuuma = heiß, koira = Hund)! Während also in Deutschland kein »heißer Hund« angeboten und verzehrt wird, sondern ein »hot dog«, gelingt es offenbar den Finnen, diese immerhin etwas sonderbare Bezeichnung »einzufinnischen«. Und so halten sie es hier mit gar manchen ausländischen Worten, insbesondere Amerikanismen: Der Computer, der im Deutschen eben den Namen »Computer« führt, wird in Finnland »tietokone« genannt. »Wissensmaschine« heißt das wörtlich (tieto = Wissen, kone = Maschine). Und auch die bei uns fast nur noch als »Reiseticket« erhältliche Fahrkarte wird in Finnland üblicherweise nach wie vor als »matkalippu« bezeichnet (matka = Reise, lippu = Zettel), ein neudeutsches »event« ist in Suomi immer noch ein »tapahtuma« (tapahtuma = Ereignis), und »strange« ist hier höchstens jemand, der als Finne dieses englische Adjektiv benutzt, statt »outo« oder »tavaton« zu sagen. Auch die in unserem Sprachraum als »E-mails« bezeichneten Internet-Botschaften werden im Finnischen zu »sähköposti« (»Elektropost«, sähkö =

Elektrizität, Strom, posti = Post). Was ich übrigens witzig finde, da das ursprünglich fremdsprachige Wort »Post« irgendwann in der Vergangenheit zum finnischen »posti« wurde. Aber damals waren möglicherweise die »Angriffe« auf die jeweiligen Landessprachen nicht gar so massiv und umfassend wie heute im Zuge der allgemeinen Amerikanisierung, die ja nicht »nur« die Sprachentwicklung betrifft.

Kuopio bietet aber nicht nur spezielle finnische Leckereien wie kalakukko, sondern – neben diversen weiteren Museen – ein sehr interessantes Stadtmuseum (korttelimuseo, Kirkkokatu 22), eine Art »Quartiermuseum« (kortteli = Quartier, Viertel, Häuserblock), das mehrere alte Holzgebäude umfasst, die, original eingerichtet, das Leben und den Alltag in dieser Stadt in vergangenen Zeiten widerspiegeln. Es gibt hier Werkstätten und Wohnungen im ursprünglichen Stil des 19. bis in den der 30er Jahre des 20. Jahrhunderts. Zudem befindet sich in einem der alten Holzhäuser ein hübsches kleines Selbstbedienungs-Café. Wenn Sie die Lebensweise der Finnen besser verstehen lernen möchten, dann finden Sie in diesem stillen Museum, das Sie innerhalb weniger Minuten zu Fuß vom Marktplatz aus erreichen können, einige atmosphärische Wurzeln.

Die zahlreichen Freilichtmuseen in Finnland ermöglichen sowieso ein intensives »Nachfühlen« der harten, aber auch erfüllenden Arbeits- und Lebensbedingungen früherer Zeiten. Ich kann nur empfehlen, derartige Einrichtungen mit Muße und innerer »Gestimmtheit« zu besuchen und auf sich wirken zu lassen. Ganz anders als in Deutschland werden Sie immer wieder feststellen, dass gerade die meist spärlichen Besucherzahlen Ihnen intensive Wahrnehmungen ermöglichen. Es kann Ihnen passieren, dass Sie bei einem derartigen Besuch in einem

Bauernhaus des 16. Jahrhunderts völlig alleine sind und nur das Summen einer Fliege hören, so dass Sie die Empfindung haben, in diese längst vergangene Welt zurückversetzt zu sein.

Einige weitere Museen in Kuopio seien nur kurz erwähnt, die »traditionellen« Reiseführer geben diesbezüglich erschöpfende Auskunft:

Orthodoxes Kirchenmuseum (Suomen ortodoksinen kirkkomuseo), Karjalankatu 1, größtes Ikonen-Museum in Westeuropa; Fotografie-Museum (Viktor-Barsokevitsch-Fotografie-Zentrum, valokuvakeskus), Kuninkaankatu 14-16, eine äußerst sehenswerte, umfangreiche Sammlung von Dokumentar-, Kunst- und Gebrauchsfotografien.

Ebenfalls vom Marktplatz aus fußläufig erreichbar, allerdings in der Gegenrichtung zu der, die zum korttelimuseo führt, können Sie in einer kleinen Gasse mit dem Namen »Pikku Pietarin torikuja« bunt gemischt alle möglichen Gegenstände erwerben. In den alten Lagerhäuschen, bei deren Besuch Sie bitte auf Ihren Kopf achten, damit Sie keine schmerzhaften Blessuren davontragen (denn die kleinen roten Gebäude haben so niedrige Decken, dass Sie rasch mit einem Balken Bekanntschaft machen können ...), bietet unter anderem ein Trödler seine Schätze an, Sie können Postkarten, Ton-, Strick- und Holzwaren aller Art erwerben, von kitschig bis kunstvoll, es gibt ein Mini-Café mit ebensolcher Mini-Terrasse und vieles andere mehr. Erwarten Sie jedoch keinen großen Basar! Wir sind in Finnland, derartige Einrichtungen sind eher klein (und selten, da die Finnen leider in den vergangenen Jahrzehnten blindwütig gehaust und ihre herrliche alte Bausubstanz großenteils rigoros »plattgemacht« haben. Kuopio ist da keine Ausnahme!). So ist »Pikku Pietarin torikuja« auch höchstens hundert Meter lang.

Selbstverständlich gibt es in einer Stadt wie Kuopio zahlreiche große und kleine Geschäfte, sowohl im Zentrum als auch außerhalb, in denen Sie kaufen können, was das Herz begehrt. Schließlich genießt finnisches Design Weltruf. Jeder Architekturinteressierte kennt Alvar Aalto und Eliel Saarinen. Wer Glas und Porzellan liebt, dem sind Tapio Wirkkala und Kaj Franck ein Begriff. Und die oft imitierten Produkte von Fiskars wurden überwiegend von Olavi Linden entworfen. Es gibt noch zahlreiche Produkte, die dieses internationale Ansehen Finnlands als Design-Mekka begründen: Genannt seien nur die Stoffe und Textilien von Marimekko, der Gold- und Silber-Schmuck von Lapponia, die Holzartikel von Aarikka.

Jetzt aber möchte ich mit Ihnen eine Wette abschließen. Dazu gehört, dass wir bei irgendeinem finnischen Paar eingeladen sind. Sagen wir der Einfachheit halber – und weil wir sie schon kennen –, bei Sirkka und Seppo. Und da wir uns über diese Einladung freuen, besorgen wir einen wunderschönen Blumenstrauß. Ist hier auf dem Markt von Kuopio kein Problem. Wir müssen uns für diesen Besuch nicht besonders fein anziehen, die Finnen sind in dieser Beziehung, außer bei richtig offiziellen Anlässen, ganz leger. Also reichen uns bequeme Hosen und ein T-Shirt oder eine Bluse aus dem Koffer – und los geht's.

Eine Einladung in eine finnische Familie: Wir können stolz sein und uns »von« schreiben. Sind die frischen Blumen nicht herrlich? Aber denken Sie an unsere Wette! Wie bitte? Stimmt ja, ich habe Ihnen noch gar nicht verraten, was diese Wette soll. Nun, das ist schnell erzählt. Ich wette, dass: erstens Sirkka ein Kleidungsstück von Marimekko trägt, zweitens irgendwo in ihrer und Seppos Wohnung (auf dem Tisch als Tischdecke oder an den Fenstern als Gardine oder an einer anderen Stelle) Stoff mit unikko-Muster (ebenfalls von Marimekko) zu finden ist, drittens unser bunter Blumenstrauß in der bekannten, geschwungenen Vase von Alvar Aalto dekoriert wird.

Diese Wette schließe ich übrigens nicht nur für die Wohnung von Sirkka und Seppo ab, sondern für mindestens 80 Prozent sämtlicher finnischen Wohnungen ... Ich sehe schon, Sie glauben mir wieder einmal nicht. Und doch ist mein Wettrisiko verschwindend gering: Denn zur finnischen Lebensart gehören substantiell finnische Produkte. Dieses Phänomen des generellen und generalisierten Geschmacks, der sich eben überwiegend auf finnische Gegenstände beschränkt, was Einrichtung, aber auch Kleidung, ja sogar Nahrungsmittel anbetrifft, ist wirklich einzigartig. So war es beispielsweise eine nationale Katastrophe, als die in Turku ansässige Firma Lunden, die den in Suomi fast ausnahmslos überall verwendeten und beliebten Senf »Turun sinappia« herstellte, Anfang der 2000er Jahre an Unilever verkauft wurde. Und es hagelte Proteste, einschließlich ernstgemeinter Boykottaufrufe für alle Unilever-Artikel, als Unilever die Produktion nach Schweden verlagerte. Inzwischen gibt es einen nach Originalrezepten von Lunden hergestellten Senf mit dem Namen »Auran sinappia« in ganz ähnlicher Verpackung ... Was hierzulande sofort energischste politische Auseinandersetzungen über Wettbewerbsverzerrung und angebliche Abschottungstendenzen mit der Gefahr von EU-Sanktionen etc. heraufbeschwören würde, nämlich ein Slogan »Kauf heimische Produkte!«, ist in Finnland so ungefähr an jeder Ladentür zu lesen: »osta kotimaista!« heißt das hier, »Kauf vom Heimatland!« Und dieser Appell verhallt in Suomi nicht ungehört ... Wenn es Ihnen gelingt, mir zehn Finnen zu zeigen, die ein Handy einer anderen Firma als Nokia besitzen, bekommen Sie von mir den Titel »Super-Spürnase« verliehen! Und zwar auf Lebenszeit!

Andererseits: Recht haben sie, die Finnen. Eine so kleine Nation muss darauf achten, dass ihre Mitglieder, ihr Besitz und ihre Werte Bestand haben. Das ist wie bei einer Familie: Gemeinsam ist jedes Familienmitglied besser dran als alleine. Vielleicht ist dieses ausgeprägte Zusammengehörigkeitsgefühl, gemeinsam mit dem finnischen Nationalbewusstsein und der Bereitschaft, eigene Interessen für das Gemeinwohl zurückzustellen, der Schlüssel zur Prosperität und Zufriedenheit dieses Volkes.

Das Wichtigste in Kürze

1. einige Vokabeln

kiitos	Danke
lahja	Geschenk
herne	Erbse
herneitä	Erbsen
kuuma	heiß
koira	Hund
tietokone	Computer (Wissensmaschine)
tieto	Wissen
kone	Maschine
matkalippu	Fahrkarte
matka	Reise, Fahrt
lippu	Zettel (auch Fahne, Flagge)
tapahtuma	Ereignis, »event«
outo	freindartig, komisch, seltsam

tavaton	ungewöhnlich
sähkö	Elektrizität, Strom
posti	Post
kortteli	Häuserblock, Viertel, Quartier

2. einige Sprachregeln

Die Endung »-sta«, an den Wortstamm angehängt, steht für die deutsche Präposition »von« (diese Regel ist wiederum etwas verkürzt, sollte aber fürs Erste ausreichen).

Die Endung »-si«, an den jeweiligen grammatikalischen Kasus angehängt, steht für das deutsche »dein« (dein Geschenk = lahjasi, deine Fahrkarte = matkalippusi, dein Hund = koirasi),

Das »h« in »sähkö« wird - anders, als es im Deutschen der Fall wäre – mitgesprochen und dient *nicht* der Dehnung des Wortes beim Sprechen. Dieses »h« klingt etwa so wie das »ch« in den deutschen Wörtern »sprechen« oder »nicht«, also ein eher weiches »ch«.

Im Gegensatz dazu wird das »h« in »lahja« oder »tapahtuma« rau ausgesprochen, wie in den deutschen Wörtern »lachen« oder »noch«, demnach also ein eher hartes »ch«. Und vergessen Sie nicht, dass alle finnischen Wörter ausnahmslos auf der ersten Silbe betont werden; aber das wissen Sie ja längst.

3. und einige (nicht ganz ernst gemeinte) Verhaltenstipps

Seien Sie nicht erstaunt, wenn Sie beispielsweise beim Einkaufen in den Geschäften von den Verkäuferinnen oder Verkäufern geduzt werden. Das ist in Finnland allgemein üblich. Es sei denn, Sie sind im Vergleich zu Ihrem Gegenüber im »vorgerückten Alter«, dann wird schon mal das »Sie«

gebraucht. Aber auch an den Arbeitsplätzen, zwischen Vorgesetzten und Mitarbeitern, wird generell geduzt. Allerdings: Bei Bedarf wird auch im »Du« gekündigt ...

Sollten Sie bei Ihrer Anreise nach Finnland noch Platz im Reisegepäck haben, bringen Sie ruhig einige verschlissene Kopfkissenbezüge, alte, leere Einmachgläser oder rostige, verbogene Kleiderbügel etc. mit. Sie können diese Gegenstände unter Umständen in einem der Trödelläden (»kirppis« oder »kirpputori«) gewinnbringend verkaufen ... In diesen Geschäften können Sie etwa zwei Meter breite Stände tage- oder wochenweise mieten und versuchen, irgendwelches Zeug, das Sie nicht mehr benötigen, anderen anzudrehen, damit die es dann wieder anderen unterjubeln. Das ist ein ewiger Kreislauf ... Wichtig: Es ist nicht verkaufsfördernd, wenn die Gläser in einwandfreiem Zustand sind oder Sie die Kleiderbügel entrosten und geradebiegen!

Möchten Sie Finnen in Deutschland eine Freude bereiten, bringen Sie ihnen »Auran sinappia« mit. Ihre Bekannten werden es Ihnen nicht nur mit Tränen in den Augen danken, sondern Sie als die besten und edelsten ihrer Freunde und als halbe Finnen ansehen.

Die finnische Mitte liegt im Süden

Das ist verwunderlich: Sprechen wir von der Mitte Deutschlands, dann – möchte ich behaupten – wird damit die geografische Region Hessen-Thüringen gemeint sein. Weiter »unten« ist Süddeutschland, weiter »oben« entsprechend Norddeutschland. Ich denke, Sie stimmen mit mir überein, oder?

Anders die Finnen: Ihr Land hat eine maximale Nord-Süd-Ausdehnung von etwa 1150 Kilometern. Exakt in der Mitte (an der Westküste gelegen) finden wir die Stadt Oulu. Also sollte man annehmen, die Gebiete nördlich davon würden als Nordfinnland (finnisch: Pohjois-Suomi) bezeichnet (stimmt!), die weiter südlichen Landesteile entsprechend als Südfinnland (finnisch: Etelä-Suomi). Weit gefehlt, meine lieben Leserinnen und Leser, zumindest, was Südfinnland angeht! Haben Sie vergessen, dass wir es mit Finnen zu tun haben, einem Menschenschlag, der grundsätzlich auf individuelle Sichtweisen Wert legt? Nein, nein, südlich von Oulu finden wir erst mal Mittelfinnland (finnisch: Keski-Suomi). Und erst südlich von Jyväskylä (oder noch weiter »unten«), da kann man »Südfinnland« ansiedeln. Wobei Jyväskylä zwar nicht gerade so weit im Süden liegt wie Palma de Mallorca, aber immerhin etwas mehr als 300 Kilometer südlicher als Oulu ... Nordfinnland allerdings, das beginnt, wie dargelegt, bei Oulu, das trotz seiner »mittigen« Lage von den Finnen als nordfinnische Stadt angesehen wird. War dieser Erklärungsversuch jetzt zu kompliziert und verwirrend? Kann sein. Gemeint ist jedenfalls, dass Mittelfinnland geografisch gesehen eigentlich Südfinnland ist, aber Mittelfinnland genannt wird, weil nach finnischer Auffassung Südfinnland deutlich südlicher liegt.

Man könnte auch sagen, dass das nördliche Südfinnland zu Mittelfinnland gehört. Zumindest wird es als Mittelfinnland angesehen. Und von den Finne auch so bezeichnet. Südfinnland wiederum liegt definitiv ganz im Süden Finnlands. Nordfinnland ist – erwartungsgemäß – im finnischen Norden. Lediglich Mittelfinnland liegt, wie gesagt, im Süden, dort aber im Norden ... Jedenfalls: Schön ist es hier überall!

Bei Nennung der Stadt Oulu (fast 140 000 Einwohner) fällt mir eine »Lehrstunde« ein, die ein Deutscher mir vor einigen Jahren an Bord einer Fähre von Travemünde nach Helsinki »gewährte«. Der leicht angegraute, schmächtige Herr mit Brille, Typ pensionierter Finanzbeamter (nichts gegen Finanzbeamte, das können durchaus nette Menschen sein, als Privatpersonen, meine ich) war offenbar auf Erst-Trip, vielleicht auch auf »Revival-Tournee« (das heißt doch »Revitalisierungs«-Tournee, oder?) nach Finnland und hatte sich intensiv mit der finnischen Sprache auseinandergesetzt. Allerdings war er offensichtlich über die ersten Ausspracheübungen nicht hinausgekommen. Wie dem auch sei, er schnappte sich meine Person, als ich träumerisch an der Reling lehnte und überfiel mich ohne jede Begrüßungsfloskel oder dergleichen mit den mir entgegengeschleuderten Worten: »O-u-l-u wird richtig O-u-l-u ausgesprochen! Die Finnen sprechen nämlich jeden Buchstaben einzeln!« Dabei schaute er mich über den Rand seiner Brille durchdringend an, mich quasi nonverbal auffordernd, diese Sprachübung mit ihm fortzusetzen. Zu seiner Enttäuschung beschränkte ich mich auf ein anerkennendes Kopfnicken, klopfte ihm lobend auf die schmalen Schultern und überließ ihn seinen weiteren Sprachstudien, indem ich mich an die Bar verkrümelte. Gemein, wie ich war, habe ich ihn nicht darauf hingewiesen, dass Oulu nicht O-u-l-u ausgesprochen wird, sondern – Ihnen verrate ich das jetzt –, dass die Buchstaben O und U zu Ou »verbunden« werden. Das klingt dann so ähnlich, wie wenn ein Wolf den Mond anheult. Sie wissen, was ich meine. Wenn wir schon bei den Ausmaßen Finnlands sind: Die maximale Breite von Ost nach West beträgt 540 Kilometer. Rein flächenmäßig ist Finnland damit nur wenig kleiner als das wiedervereinigte Deutschland, nämlich nicht ganz 340.000 Quadratkilometer. Auf dieser Fläche »drängen« sich jedoch nicht – wie hier – 82 Millionen Menschen, sondern lediglich knapp 5,3 Millionen. Von Drängen kann da wohl keine Rede sein. Wobei zu berücksichtigen ist, dass mehr als 2 Millionen Finnen in Südfinnland leben. Daher ist die Bevölkerungsdichte hier größer und in den übrigen Landesteilen logischerweise geringer.

Wir als interessierte Besucher möchten – wenn wir schon mal hier sind – verständlicherweise einige der Städte und Landstriche näher kennenlernen. Die Frage ist: Wie kommen wir herum? Bei den wenigen Menschen, die in den Gebieten außerhalb des sog. Südens wohnen: Gibt's da eigentlich ausreichend Straßen? Und wie steht's mit öffentlichen Verkehrsmitteln? Nun, die Sorge ist unbegründet, die Finnen sind ein mobiles, reiselustiges Volk, nicht nur hinsichtlich Auslandsreisen, sondern auch im eigenen Land. Kurz mal am Wochenende 600 Kilometer hin und 600 Kilometer zurück zu fahren, um in Lappland lakka (zu Deutsch Multebeere, auch Multebeere oder Moltebeere genannt) zu sammeln, ist durchaus ein übliches Unterfangen, das bei keinem echten Finnen Verwunderung auslösen wird. Und glücklicherweise wird in Finnland immer noch eine Verkehrspolitik betrieben, die Wert auf möglichst gute Erreichbarkeit mindestens der Städte und Landgemeinden auch mit öffentlichen Verkehrsmitteln legt. Allerdings wurden auch hier in den vergangenen Jahrzehnten wegen des zunehmenden Individualverkehrs Abstriche gemacht.

Ganz schnell seien an dieser Stelle als Beleg für den starken Drang der Finnen, jeden Winkel dieser Erde zu bereisen, drei persönliche Erlebnisse eingeflochten: Wen traf ich auf dem Gipfel des Kilimandscharo, zu einer Zeit, als es dort noch nicht den heutigen Massentourismus gab? Gut geraten: einen Finnen, der dort in der Horombo-Hütte (in einer Höhe von etwa 3700 m) auf seiner Mundharmonika traurige finnische Lieder zum Besten gab ... Wer joggte auf der Chinesischen Mauer, als ich vor Jahren dort die teils steilen Stufen erklomm? Sie haben wieder ins Schwarze getroffen: ein pausbäckiger Finne im blauen Jogginganzug mit großem weißem Schriftzug »Suomi« ... Wer schwärmte am Nebentisch eines Restaurants in der Bretagne, bei wirklich ungewöhnlich schmackhaftem »Filet de sandre en manteau de lard sur coulis de tomate« (gebratenes Zanderfilet im Speckmantel auf Tomatencoulis) von den geräucherten muikkuja (Maränen) mit Pellkartoffeln in Suomi? Auch jetzt haben Sie wieder Recht: ein finnisches Ehepaar ... Mir ist durchaus folgendes Szenarium vorstellbar: Nach einer monatelangen Irrfahrt durch die Urwälder Afrikas, teils zu Fuß, unter Einsatz der Machete sich den Weg frei schlagend, teils im Einbaum über Krokodil durchwimmelte Flussläufe paddelnd, biegt man um die Ecke eines Lianen behangenen Baumriesen und trifft völlig überraschend auf einen fröhlich grinsenden Menschen, der einen soeben gefangenen Fisch über offenem Feuer brät: »Dr. Livingstone, I presume?!« Nein, nein, es ist nur ein gut gelaunter Finne namens Kari, der seinen Wochenendurlaub hier verbringt und den gleichen Sport betreibt wie in Finnland: Angeln.

Doch zurück zu uns. Wir befinden uns, wie schon mehrfach betont, in Suomi und möchten im Land herumreisen. Das ist, wie kurz im Zusammenhang mit Punkaharju erwähnt, mit kleinen Ausnahmen ganz unproblematisch. Es gibt ein ausgedehntes Netz von geteerten und asphaltierten Straßen, aber auch von Wegen, die nicht mit einer festen Decke versehen sind (hier wird eine Art Ölschlamm zur Oberflächenglättung verwendet), über die die Finnen mehr oder weniger hurtig ihre Vehikel steuern, und die Sie natürlich ebenfalls mit Ihrem eigenen oder einem geliehenen Wagen benutzen können. Wenn Sie keine Lust auf das Reisen im eigenen Fahrzeug haben, kommen Sie nicht nur per juna (deutsch: Zug) oder linja-auto (Bus) vom Fleck, sondern auch mittels Flugzeug (lentokone, »lento« = Flug, »kone« = Maschine, aber das Wort kennen Sie schon). Denn das innerfinnische Flugnetz ist hervorragend ausgebaut.

Allerdings sollten Sie wissen: Die Sommermonate sind den Finnen heilig. Das bedeutet, dass jeder Sommertag in Ehren gehalten wird. Und das wiederum heißt: Sommer ist Urlaubs- und Ferienzeit. Als Folge dieser Einstellung, die dem nationalen Wohlbefinden bestimmt zuträglich ist, die jedoch manchmal für einen Ausländer unerwartete Situationen nach sich ziehen kann, gibt es einen Standardsatz, der sämtlichen Finnland-Kennern ausnahmslos geläufig ist: »Im Sommer ist Finnland geschlossen!« Ist zwar etwas überspitzt ausgedrückt, trifft aber den Kern der Sache. Es gibt Auswanderer, die von einem anderen EU-Land (sagen wir Deutschland) nach Finnland einwandern wollten und alle Schritte akribisch geplant haben. Nur hatten sie vergessen, dass im Juli Finnland eben »geschlossen« ist. Das heißt, sie mussten viele Behördengänge auf später verlegen, weil die betreffende Sachbearbeiterin oder der zuständige Sachbearbeiter für einige Wochen fernab im Sommerhaus weilte. Deren Vertreterin oder Vertreter auch. Und die Vertreterin des Vertreters auch. Auch der Abteilungsleiter. Und sein Vertreter. Alle sind im Sommerhaus oder sonstwo, jedenfalls nicht im Büro.

Und so kann es Ihnen auch passieren, dass Sie beispielsweise von Ihrem gemieteten Häuschen am See zum Flugplatz Varkaus-Joroinen fahren, um Ihren Freund Karl-Heinz in Empfang zu nehmen, der aus Deutschland kommend dort eintreffen wollte. Sie nähern sich dem schicken, modernen, erst vor wenigen Jahren völlig neu errichteten Empfangsgebäude (es gibt da wegen des großen Verkehrsaufkommens sogar ein Koffer-Förderband mit einer Länge von immerhin etwa fünf Metern) und freuen sich, dass es auf dem großzügig angelegten Parkplatz überraschenderweise so viele freie Plätze gibt. Genau betrachtet, steht da überhaupt kein Auto. Frohgemut marschieren Sie auf die Empfangshalle zu und – müssen abrupt stoppen, denn die automatische Eingangstür bleibt zu. Also gehen Sie einen Schritt zurück, damit dieser verflixte Bewegungsmelder Sie erfassen kann und die Tür sich öffnet. Nix passiert ... erneuter Versuch ... ohne Erfolg. Jetzt endlich entdecken Sie des Rätsels Lösung: Da klebt ja ein handgeschriebener (!) Zettel, der auf Finnisch kundtut, dass der Flughafen wegen Urlaubs in der Zeit von ... bis ... geschlossen ist. Tja, jetzt lachen Sie oder schmunzeln zumindest, nehme ich an. Aber glauben Sie mir: Diese Anekdote entspricht der Wahrheit!

Grundsätzlich jedoch gilt: Das innerfinnische Flugverkehrsnetz ist außerordentlich gut ausgebaut. Das Gleiche trifft auch auf die Zug- und Busverbindungen zu, die mit komfortablen Fahrzeugen bzw. Waggons betrieben werden. Dabei kommt hinsichtlich der Bequemlichkeit der Züge positiv zum Tragen, dass die finnischen Staatsbahnen (Valtion Rautatie, VR, valtio = Staat, rautatie = Eisenbahn, rauta = Eisen) die russische Spurweite von 1524 mm (Breitspur) übernommen haben und die Wagen dementsprechend geräumig sind. Auch die Überlandbusse (expressbus oder pika-vuoro) sind sehr gut ausgestattet, wenn auch leider heutigentags keine »Stewardess« mehr an Bord ist, die Zeitungen und Getränke verteilt, wie es früher der Fall war. Dieser Überlandverkehr überzieht das gesamte Land mit einem dichten Netz an Zu- und Aussteigestellen, und es ist ebenso reizvoll wie bequem und einfach, mit diesen Bussen nach Überall zu gelangen.

Ebenso bedauerlich wie die Abschaffung der freundlichen Busbegleiterinnen ist, dass im ländlichen Raum die gelben Postbusse nicht mehr verkehren. Sie transportierten auf romantischen, kurvenreichen Straßen nicht nur Fahrgäste, sondern auch die Post. Selbst heute noch werden Sie bei Ihren Fahrten durch finnische Landregionen immer wieder an den Einmündungen irgendwelcher Sandwege koffergroße Holzkästen entdecken. Sie sind an einem Pfosten befestigt und weisen ein großes Loch auf, das sich zur Straße hin öffnet. In diese Kästen wurden aus dem Postauto, das hier sein – ohnehin nicht atemberaubendes – Tempo verlangsamte, von einem speziell zu diesem Behuf mitfahrenden Mitarbeiter die gebündelten Briefe und Zeitungen usw. schwungvoll eingeworfen. Es war dann Sache der betreffenden Anwohner, diese Sendungen unter sich zu verteilen.

Dennoch fahren auch in unseren Zeiten noch Busse zwischen den kleinen Gemeinden, mit denen Sie gemütlich übers Land gondeln können. Allerdings sollten Sie sich nicht darauf verlassen, dass der Bus, in dessen Fenster auf einer Tafel Ihr Zielort zu lesen ist, auch wirklich dorthin fährt. Denn es kann dem finnischen Fahrer kurz zuvor eingefallen sein, dass er schon eine ganze Minute der ihm zustehenden Mittagspause geopfert hat, um sein Fahrzeug noch in den linja-autoasema (Busbahnhof, asema = Bahnhof) zu bringen. Daher ist er außer Stande, das Schild zu wechseln. Außerdem weiß doch sowieso jeder, wohin er fährt. Nun ja, ähnliche Probleme kennen wir auch von Deutschland her. Oder ist es Ihnen noch nie passiert, dass an Ihrem Linienbus als Zielort in großen Lettern »Gründorf« stand, während Sie doch ziemlich genau wussten, dass Sie in eben jenem »Gründorf« am Busbahnsteig stehen und nach »Rotdorf« gelangen wollen? Daher sollten Sie in Finnland wie in Deutschland und in jedem anderen Land beim Reisen mit öffentlichen Verkehrsmitteln sicherheitshalber immer noch einmal fragen, ob Ihr Bus auch dahin fährt, wohin Sie wollen. Fragen Sie ohne Scheu, auch zwei oder drei Mal. Sie bestätigen damit lediglich etwas, was die Finnen sowieso schon wussten: Nämlich, dass die Deutschen das Volk der Frager sind. Das gehört zur Grunderfahrung aller Finnen, die jemals mit Deutschen in Berührung gekommen sind. Deutsche Touristen haben ein gemeinsames Hobby: fragen. Ständig, immer, stets, pausenlos, überall, nach allem und jedem. Dafür sind sie bekannt. Sind ja sonst ganz nett, die Deutschen, können zwar kein Finnisch und verstehen nichts vom Eishockey, aber im Großen und Ganzen kann man sie aushalten. Immer noch besser als die Schweden (dieser letzte Gedanke kommt besonders zur Eishockey-Saison in finnische Köpfe). Und fragen, na ja, sollen sie, die Deutschen.

Nehmen wir z. B. eine Führung durch die Burg von Turku (erbaut etwa ab 1280, finnisches Wort für »Burg« = linna). Teilnehmer: sechs Deutsche, acht Japaner, drei Amerikaner, zwei Franzosen, zwei Italienerinnen, acht Russen, zwölf Finninnen und Finnen. Alle lauschen aufmerksam den Erklärungen der Fremdenführerin. Die weiß schon, was kommt: Die Japaner fotografieren. Die Amerikaner kauen ihr chewing gum und äußern höchstens mal »great«. Die Franzosen schlurfen in ihren Sandalen, kurzen Flatterhosen und schwarzen, ärmellosen T-Shirts übers Parkett, ohne ein Wort zu sagen. Die beiden Italienerinnen kichern ständig und schieben ununterbrochen ihre dunklen Sonnenbrillen auf der Nase zurück. Keine Ahnung, wohin die gerade gucken. Die Russen sind mürrisch, weil sie hier nicht rauchen dürfen und strecken ihre Bäuche ostentativ noch weiter vor, damit man das eingestickte Krokodil auf ihren Hemden auch wirklich sieht. Die Finnen sehen und hören sich alles an und verwünschen im Stillen dieses ausländische Gesocks, das keine Kultur hat. Und die Deutschen? Die in ihren Sandalen, mit den dicken Wollsocken an den Füßen und dem Vollbart am Kinn? Die fragen. Wie dick sind die Mauern? Wie hoch ist der Turm? Wer hat hier gelebt? Was hat die Renovierung gekostet? Wem gehörte die Burg 1455? Und 1519? Und 1600? Ist das ein originaler Wandbehang? Wie viele Räume hat die Burg? Gibt's ein Burgverließ? Wie viele Ratten laufen im Keller rum? Wo kann man in Turku gut essen? Und billig. Und reichlich. Aber unbedingt echt finnisch. Irgendwas mit Pommes und Schweinshaxe.

So ist das mit den deutschen Touristen. Oder besser: mit fast allen deutschen Touristen. Denn Sie und ich, wir sind natürlich nicht so. Sondern ganz anders ...

Das Wichtigste in Kürze

1. einige Vokabeln

Pohjois-Suomi	Nordfinnland
Etelä-Suomi	Südfinnland
Keski-Suomi	Mittelfinnland
juna	Zug
linja-auto	Omnibus, Bus
lentokone	Flugzeug
lento	Flug
muikkuja	Maränen (Partitiv Plural)
valtio	Staat
rautatie	Eisenbahn
rauta	Eisen
asema	Bahnhof

2. einige Sprachregeln

Zwar werden im Finnischen die Buchstaben einzeln prononciert, aber dennoch nicht »abgehackt« gesprochen, sondern miteinander »verschleift«. Also nicht: »Pohjo-is-Su-omi«, sondern »Pohjo‿is-Su‿omi«. Nicht »O-u-l-u«, sondern O‿ulu«.
Die Endung »ja« kennzeichnet in unserem Text den Partitiv Plural (also den »unbestimmten« Plural). Beispiel: »muikku« = Maräne, »muikkuja« = Maränen. »linja-auto« = Bus, »linja-autoja« = Busse. Hier wie stets bei den grammatikalischen Erläuterungen im vorliegenden Buch gilt: Dies ist nur eine stark vereinfachte Erklärung. Denn Sie sollen hier ja keine finnische Grammatik lernen. Zudem ist gerade die Bildung des Partitivs im Finnischen eine Wissenschaft für sich.

3. und einige (nicht ganz ernst gemeinte) Verhaltenstipps

Erkundigen Sie sich stets, ob der Flughafen, zu dem Sie innerhalb Finnlands fliegen möchten, zur Zeit Ihrer Reise auch geöffnet ist. Er könnte wegen »Urlaubsferien« geschlossen sein. Oder weil er gerade umgebaut wird. Oder weil sich die Oma des örtlichen Fluglotsen genau an diesem Tag im etwa 80 Kilometer entfernten Krankenhaus einer Krampfader-Operation unterzieht und er sie dorthin fahren muss. Oder weil die Feuerwehr des nächsten Ortes, die bei jedem Start und jeder Landung aus Sicherheitsgründen anwesend sein muss, gerade das Feuerwehrauto zur Jahresinspektion gebracht hat. Sie kommt nämlich jedesmal extra aus dem Ortszentrum zum Flughafen gefahren, weil es dort keine eigene Feuerwehr gibt ...

Bei derartigen und ähnlichen Erkundigungen fragen Sie immer mehrmals. Das bestätigt den Finnen, dass sie es mit einem Deutschen zu tun haben und hebt deren Selbstbewusstsein. Sofern das beim Durchschnittsfinnen überhaupt noch möglich ist ...

Turku oder Åbo: Was stimmt denn nun?

Auf unserer Erkundungsreise durch Finnland besuchen wir selbstverständlich auch Turku im Südwesten des Landes. Oder mögen Sie lieber nach Åbo fahren? Kleiner Scherz am Rande, denn ich bin mir selbstverständlich darüber im Klaren, dass Sie längst wissen, dass das ein und dieselbe Stadt ist. Hier im finnischen Süden leben immerhin die meisten Finnland-Schweden. Oder besser ausgedrückt, schwedischsprachigen Finnen. Die allerdings alle auch Finnisch reden können, weil sie zweisprachig aufwachsen.

Dass es in diesem Gebiet so viele Schwedisch parlierende Finnen gibt, hat historische Gründe. Schließlich war und ist Turku bzw. Åbo die wichtigste Stadt der als Varsinais-Suomi (schwedisch: Egentliga Finland, »varsinainen« = eigentlich) bezeichneten Landschaft im Südwesten Finnlands. Und die Schweden haben hier über Jahrhunderte gewirkt, haben das Land – wie ganz Finnland in häufig wechselnder Ausdehnung – als eine »Kolonie« von Sverige aus beherrscht. Nicht zu vergessen die auch nicht gerade zimperlichen Einverleibungsbestrebungen der russischen Zaren, denen die Finnen immer wieder ausgesetzt waren ... Die über Jahrhunderte zwischen Stockholm einerseits und Moskau bzw. St. Petersburg andererseits heiß umkämpften und in Folge sich ständig ändernden Grenzen zum russischen Reich hin waren das Ergebnis dieser recht egoistischen Machtgelüste beider Seiten, der westlichen wie der östlichen. So wurden die Lebensräume der Finnen zur Spielwiese der jeweiligen russischen und schwedischen Machthaber. Aber so war es ja schon immer - und wird es wahrscheinlich ewig bleiben: Die Wünsche, Sehnsüchte und Hoffnungen der »kleinen« Leute bedeuten den

Mächtigen nichts. Die Finnen haben das über unendliche Zeiten hinweg zu spüren bekommen. Erst 1917, am 6. Dezember, entstand Finnland als unabhängiger Staat, war es doch bis zu diesem Zeitpunkt (seit 1808/09) russisches Großfürstentum. Heute sind 5,4 Prozent der Finnen schwedischsprachig (Quelle: statistics Finland), das sind etwa 280 000 Menschen, und neben Finnisch ist Schwedisch offizielle Amtssprache. Wer aber glaubt, es gäbe keine aus der Geschichte erwachsenen Ressentiments mehr zwischen finnischsprachigen und schwedischsprachigen Finnen, der täuscht sich – auch wenn das in Finnland nicht gerne gehört wird. Die Vorbehalte sind natürlich längst nicht mehr so ausgeprägt und spürbar wie in früheren Zeiten, aber Kennzeichnungen der einen oder der anderen Seite als »arrogant« oder »plump« und ähnliche Attribute, die gibt's schon. Na, wem erzähle ich da was Neues? Haben wir nicht auch unsere »Saupreußen« und »bajuwarischen Hinterwäldler«, unsere »sturen Westfalen« und »geizigen Schwaben«. Und ist es nicht auch bei uns so, dass die Autofahrer aus der Nachbarstadt ihren Führerschein grundsätzlich »in der Lotterie gewonnen« haben? Dass die Berliner großkotzig sind und die Weisheit mit Löffeln gefressen haben? Die Hamburger sich »s-teif« benehmen? Und, und, und ...

Die Hintergründe der finnisch-schwedischen wechselseitigen Vorbehalte sind auch politisch-gesellschaftlicher Natur: Über lange Zeiten war die schwedisch sprechende Bevölkerung Träger der kulturellen Errungenschaften, bildete die Oberschicht und hütete ängstlich traditionell konservative Werte. Turku/Åbo als politisch-geistiges Zentrum war eindeutig die Hauptstadt des Landes, und die Verwaltung lag in schwedischen Händen. Bis schließlich Mitte des 16. Jahrhunderts das ursprünglich an der Ostsee-Mündung des Vantaanjoki (joki =

Fluss) gegründete Helsinki/Helsingfors, das später näher an die Küste verlegt wurde, vom russischen Zaren zur Hauptstadt des Großfürstentums Finnland erhoben wurde (1812).

In unseren Tagen geht es Gott sei Dank in Skandinavien friedlicher zu als in den Zeiten, von denen gerade die Rede war. So können wir die mächtige Burg Turun linna (schwedisch: Åbo slott) an der Mündung des Aurajoki in Ruhe besichtigen, ohne kriegerische Auseinandersetzungen befürchten zu müssen, wie sie sich in der Vergangenheit hier durchaus abspielten. Ein solcher Besuch lohnt sich, um in diesem historischen Ambiente ein wenig in die Geschichte Finnlands einzutauchen, die mit diesem Gebäude über Jahrhunderte aufs Engste verbunden ist.

Turku und die umgebenden Landschaften sind noch bis in unsere Zeit von der Vergangenheit geprägt. Zwar wurden auch in dieser ältesten Stadt Finnlands vor allem während der 60er und 70er Jahre des vergangenen Jahrhunderts in blindwütigem Modernisierungswahn unzählige Häuser früherer Epochen niedergewalzt, aber im Stadtgebiet rund um die Tehtaankatu können wir noch viele sehenswerte Häuser der Jugendstilzeit finden, in denen damals die reiche Bürgerschaft wohnte. Die Besitzer dieser Gebäude haben sich vehement und mit Erfolg gegen die Abrisspläne gewehrt. Dieses auf »zeitgemäße und moderne Architektur« gerichtete Scheuklappendenken der in jenen Jahren verantwortlichen Kommunalpolitiker und -beamten war so ausgeprägt, dass die in Finnland weit verbreiteten Abriss-Maßnahmen zahlreicher Gemeinden vom Volksmund mit dem Schlagwort »Turuntauti« (»Turkuer Krankheit«) bedacht wurden.

Aber auch hierzu muss der Ehrlichkeit halber angemerkt werden, dass die Finnen international gesehen durchaus keine

Ausnahme darstellen. Wir haben auch in Deutschland genügend Beispiele für im wahrsten Sinne des Wortes »geschmacklose« Neubauten in nächster Umgebung zu historisch wertvollster Bausubstanz. Wobei die Verantwortlichen die Kritiker gerne mit dem Argument mundtot machen, man habe ja als Laie keine Ahnung, gerade der Kontrast zwischen Moderne und Tradition sei das Spannungsfeld. Was für eine Unverschämtheit und was für ein »akademisch verbrämter Blödsinn«!

Nun, ich will hier nicht über Bausünden in Deutschland referieren, sondern Ihnen erzählen, wie hübsch und stimmungsvoll, sehenswert und interessant die Gegend des finnischen Südwestens mit Turku als bedeutendster Stadt ist. Wie weiter oben schon kurz erwähnt, ist sowohl in Turku selbst als auch in der landschaftlich reizvollen Umgebung auf Schritt und Tritt die schwedisch-finnische Geschichte spürbar. Zahlreiche Herrenhäuser leuchten inmitten des saftigen Grüns ausgedehnter Wiesen, herrlicher Wälder und fruchtbarer Felder. Mit Fug und Recht wird die Küstenlandschaft mit ihren Buchten, Fjorden und vorgelagerten Inseln und Inselchen, den zerklüfteten Granitfelsen und sonnenwarmen Sandstränden als eine der schönsten Europas bezeichnet. Dieses Schärengebiet ist einmalig und faszinierend und war es eben auch schon seit urdenklichen Zeiten: Hier siedelten die ersten schwedischen »Einwanderer«. Hier, unweit Turkus in Naantali, haben die finnischen Präsidentinnen bzw. Präsidenten ihre elegante Sommerresidenz. Hier findet sich das ursprüngliche Herz der finnischen Nation, und hier trifft man ständig und unausweichlich auf Spuren vergangener Epochen, bedeutender Menschen und ihres Wirkens und auf Höhepunkte der finnischen Kulturgeschichte.

So, aber ich merke schon, dass dieses Kapitel zu einer Lobhudelei des finnischen Südwestens zu werden droht, wie sie für traditionelle Reiseführer typisch ist. Das darf und kann nicht sein! Daher stelle ich Ihnen nunmehr das absolute (und ich betone: absolute!) Highlight (und ich betone: Highlight!) sämtlicher (und ich betone: sämtlicher!) finnischer Delikatessen vor: entwickelt im Südwesten Finnlands, dort vermutlich schon im frühen Mittelalter gegessen. Es gibt böse Zungen, die behaupten, dass es durchaus möglich sei, diese Speise über Jahrhunderte aufzubewahren und sie nach drei-, vier-, fünfhundert und mehr Jahren als soeben frisch zubereitet anzubieten. Andere Stimmen erzählen, ursprünglich sei sie als Gießmasse für Kanonen- und Flintenkugeln vorgesehen gewesen. Und eine sehr nette Anekdote wurde mir in Turku einmal von einem dort ansässigen Finnen berichtet: So habe nach dem Zweiten Weltkrieg eine amerikanische Delegation Finnland besucht, um sich über die aktuelle Versorgungslage der Bevölkerung zu informieren. Man habe den Mitgliedern der Abordnung diese Spezialität vorgesetzt mit dem Ergebnis, dass diese postwendend abreisten, vorher aber noch schnell nach Washington telegrafierten: Die Ernährungssituation der Finnen sei katastrophal, die Menschen seien offensichtlich schon gezwungen, ihre eigenen Ausscheidungen zu verzehren. Worauf von den USA umgehend Care-Pakete auf den Weg gebracht worden seien ...
Ihre Augen sind beim Lesen dieser Zeilen immer größer geworden, und das im Mund zusammengelaufene Wasser trieft Ihnen schon von den offen stehenden Lippen? Sie wollen endlich wissen, von was ich rede? Ich wette, jeder finnische oder mit Finnland vertraute Leser weiß schon längst, was kommt: Jawohl, jawohl, ich spreche vom »mämmi«.

Von jenem scheußlichen, schwarzbraunen Brei, der genauso aussieht, wie er schmeckt: igitt! – Entschuldigt, liebe finnische Freunde! Anteeksi, anteeksi (Deutsch: Entschuldigung)! Nehmt es mir nicht übel, aber ich muss bei der Wahrheit bleiben! Ich berichte von mämmi, dem Zeug, das, würde es auf der Straße liegen, garantiert mit bestimmten tierischen Hinterlassenschaften verwechselt würde. Na klar, mir ist bekannt, verehrte finnische Eingeborene, dass Ihr mämmi liebt. Immerhin werden pro Jahr in Eurem herrlichen Land mehr als 2.000.000 Kilo mämmi verkauft. Zwei Millionen Kilo! Was macht Ihr nur damit? Oh nein, ich glaube Euch nicht, wenn Ihr behauptet, dass Ihr das alles verzehrt, weil es Euch so gut schmeckt. Warum, Ihr finnischen Flunkerer, gießt Ihr dann so viel Sahne drüber? Und pfundweise Zucker? Und futtert neuerdings zunehmend Vanille- oder Erdbeereis dazu? Genau, meine Lieben, mein Freund Olli hat es mir verraten, in einer späten Stunde, nach etlichen Bierchen: um möglichst wenig vom mämmi-Geschmack wahrzunehmen, deswegen!

Liebe deutsche Leserin, lieber deutscher Leser, nachdem ich hiermit meiner Pflicht zur eindringlichen »mämmi-Warnung« nachgekommen bin, sei noch rasch verraten, um was es sich dabei handelt.

Mämmi ist ein Gemisch aus Malz, Roggenmehl, geriebenen Pomeranzenschalen, Sirup, Salz und Wasser. In Bezug auf das Aussehen haben Sie, denke ich, auf Grund obiger Zeilen schon eine ziemlich zutreffende Vorstellung ... Die Finnen essen diesen Brei traditionell am Karfreitag, ich vermute, damit sie sich umso mehr auf das schmackhafte Osteressen freuen können. Möchten Sie mämmi versuchen, so tun Sie, was Sie nicht lassen können: Sie können das Zeug in finnischen Supermärkten fix und fertig kaufen, nicht nur zur Osterzeit. Bei Ihren finnischen Bekannten und Freunden werden Sie mit Sicherheit punkten, wenn Sie mämmi verspeisen, in meinen Augen werden Sie damit zum perfekten Survival-Experten, was finnisches Essen anbetrifft. Sollten Sie gar so verwegen sein, selbst mämmi herstellen zu wollen: Viel Spaß! Im Internet finden Sie mit Sicherheit hilfreiche Rezepte.

Bevor ich dieses Kapitel schließe, möchte ich noch auf ein Bier mit Ihnen in Turku in eine Kneipe gehen, deren Flair mit ihrer früheren Funktion zusammenhängt. Das Lokal nennt sich »Ravintola Puutorin Vessa«, zu Deutsch: »Restaurant WC vom Holzmarkt« und befindet sich ebendort, nahe der Mariankatu und der Brahegatan. »Ravintola« ist übrigens das finnische Wort für »Restaurant«, »puu« ist im Deutschen »Holz« oder »Baum«, »tori« haben Sie schon in Savonlinna kennengelernt. Und in der finnischen Umgangssprache wird die Toilette als »vessa« bezeichnet.

Das »Puutorin Vessa« ist ein Lokal, das tatsächlich in den Räumen einer ehemaligen öffentlichen Toilette untergebracht ist und so ein besonderes Ambiente hat. Das Gebäude wurde 1933 als öffentliche Toilette für den damaligen ersten Busbahnhof Turkus erbaut und diente diesen Zwecken bis 1986. Nach seiner Schließung wurde es von einem kleinen Freundeskreis erworben und zu einem ungewöhnlichen Lokal umgebaut, in dem man nicht nur gemütlich sitzen und essen sowie trinken kann, sondern wo während der Sommermonate in unregelmäßigen Abständen Jazzveranstaltungen, Büchermärkte, Tanzvergnügen und manch andere Belustigung stattfinden. Die Öffnungszeiten: montags bis samstags 12 - 24 Uhr, sonntags 15 - 24 Uhr.

Mit etwas Unternehmungsgeist werden Sie in Turku noch

sehr viele sehens- und erlebenswerte Orte finden, nicht nur im gastronomischen Bereich. Immerhin studieren hier mehr als 30.000 Studentinnen und Studenten, deren Lebensstil selbstverständlich nicht ohne prägende Einflüsse auf das Stadtleben bleibt – auch wenn gesagt werden muss, dass es an den finnischen Universitäten deutlich »braver« zugeht als an manch einer deutschen Hochschule.

Aber auch die Zahl der Museen, angefangen vom Handwerks-museum Luostarinmäki am namensgleichen Ort (luostari = Kloster, mäki = Hügel) über das apteekkimuseo (Apotheken-museum) im Quensel-Haus, dem ältesten erhaltenen Haus der Stadt, Läntinen Rantakatu 13, bis hin zum Marinemu-seum »Forum Marinum« in der Linnankatu 72 mit seinen beeindruckenden Museumsschiffen ist groß. Und jedes lohnt einen Besuch!

Das Wichtigste in Kürze

1. einige Vokabeln

varsinainen	eigentlich
joki	Fluss
anteeksi	Entschuldigung
ravintola	Restaurant
puu	Holz, Baum
vessa	umgangssprachlich WC oder Toilette
luostari	Kloster
mäki	Hügel

2. einige Sprachregeln

Durch Verdoppelung des Endungs-Vokales und Anhängen der Endung »-n« formen Sie den sog. Allativ (»auf etwas hin, nach«).

Beispiele: ravintola = Restaurant, »ravintolaan« = »zum Restaurant«; luostari = Kloster, »luostariin« = »zum Kloster«. Möchten Sie nach Helsinki: »Helsinkiin«. »Nach Turku« = »Turkuun«.

Das mag für dieses Kapitel mal genügen.

3. und einige (nicht ganz ernst gemeinte) Verhaltenstipps

Sprechen Sie möglichst Leute aus Mittelfinnland nicht auf den in Turku und Umgebung gesprochenen Dialekt an. Sie laufen sonst Gefahr, »geschlachtet« zu werden. Meiner Erfahrung nach finden die Leute besonders aus Savo diesen Turku-Slang absolut entsetzlich und »ätzend« ... insbesondere im Vergleich zu ihrem eigenen Dialekt.

Möchten Sie irgendwelche verbotenen Drogen oder sonst was aus Finnland hinausschmuggeln, verpacken Sie es in »mämmi«. Weder Drogenfahnder noch ihre Spürhunde werden Sie in irgendeiner Weise behelligen. Übrigens auch nicht bei der Einreise in Deutschland ...

Anflug, Warteschleife, Landung ... Stich

Bevor wir unsere Reise durch nordische Gefilde, Gefühle, Genüsse und Gebräuche fortsetzen, halte ich es für meine Pflicht, Ihnen etwas über einige besonders liebreizende Bewohner der finnischen Wälder und Auen zu berichten. Denn wie so viele Besucher lockt Sie sicherlich besonders die weitgehend unberührte Natur mit eben diesen weitläufigen Wäldern, dem Meer und blau schimmernden Seen, deren Wellen die Sand- oder Felsenufer bespülen, Schilfpflanzen mit leisem Rascheln bewegen und so manchem Fischlein eine Heimstatt bieten. Haben wir nicht zu Hause diese unfassbar wunderbaren Bilder in den Reiseprospekten und -büchern gesehen?

Herzlich willkommen in dieser schönen Umgebung! Und herzlich willkommen in der Realität, dem unbegrenzten Lebensraum der itikka (Schnake, in Südfinnland auch hyttynen genannt), paarma (Bremse), muurahainen (Ameise), hämähäkki (Spinne), ampiainen (Wespe), punkki (Zecke), hirvikärpänen (Elchfliege, deutscher Fachterminus Hirschlausfliege) und anderen Flug- und Krabbeltierchen ... Sie werden bestimmt in Berührung mit ihnen kommen. Ob der Kontakt allerdings für beide Seiten gleich angenehm ausfallen wird, wage ich zu bezweifeln. Wobei für die genannten Stech- und Beißkünstler das Leben auf dem Spiel steht, während Sie allenfalls eine juckende Quaddel am Unterschenkel davontragen werden. Oder auch zwei. Oder drei. Oder vier. Oder fünf. Und weitere vier am rechten Oberarm. Nicht zu vergessen die sechs im Nacken und die drei auf der Stirn. Und die drei auf dem Rücken. Was erzähle ich von Quaddeln? Riesen-Schwellungen, rot, heiß und ausgedehnt, sind das. Die zwischen den Zehen sind besonders unangenehm. Dagegen zählen die auf dem Handrücken kaum. Von wegen herrliche, unberührte Natur! Zum Teufel mit Natur! Keinen Moment hat man seine Ruhe. Und die kärpäset (Fliegen) schwirren auch noch unablässig um einen herum, wahrscheinlich, weil es bei dieser Hitze bald ein Gewitter geben wird. Da sind sie ja immer ganz verrückt. Stechen zwar nicht, aber sind unglaublich lästig.

Liebe Leserin, lieber Leser, das ist so in der finnischen Natur, und das muss wohl auch so sein, sonst wär's eben nicht »Natur«. Aber es ist schon sinnvoll, sich nach Möglichkeit zu schützen. Weiter unten sag' ich was dazu.

Die Finnen selbst, offenbar unempfindlich geworden (oder geboren), nehmen die Stiche und Bisse relativ ungerührt hin. Allerdings kann ich mich des Eindrucks nicht erwehren, dass die hiesigen Stechmücken ihre Landsleute aus irgendwelchen unerfindlichen Gründen weniger »besuchen« als den Ausländer. Dem muss man anscheinend als »itikka« mal zeigen, was Sache ist ... Möglicherweise hat es wirklich was mit nationaler Rücksichtnahme zu tun, dass finnische Unterschenkel, Arme und sonstige Körperregionen weniger intensiv malträtiert zu werden scheinen ... Beruht vielleicht auch auf gegenseitiger Zuneigung. Denn (Tatsache!) es gibt in Suomi sogar Naturschützer, die im Fernsehen dafür geworben haben, spezielle »Wohnbauten« aus Gras und Ästen für Schnaken zu bauen. Klingt etwas eigenartig, ich weiß. Entspricht aber der Wahrheit, ich selbst habe diese Sendung im finnischen Fernsehen gesehen.

Die besondere Vorliebe der Stechmücken für Nichtfinnen hat aber unter Umständen auch lediglich eine ganz simple Ursache: Ausländisches Blut schmeckt einfach saftiger. Oder die Finnen sind dickhäutiger und lassen sich nicht so gut »anbohren«. Oder das im vorhergehenden Kapitel erwähnte »mämmi«, das zu Ostern hier verspeist wird, wirkt als »Antimückenmittel«, und das für die Dauer mindestens eines Sommers ... Sie merken, ich kann das Phänomen nicht erklären. So wahr, wie es ist, dass in Finnland je nach Jahreszeit, Witterung und Lokalisation tatsächlich mit mehr oder weniger zahlreichen Beißerchen zu rechnen ist, so wahr ist andererseits, dass ein ganz erheblicher Teil der Urlauber seine nächsten Ferien erneut hier verbringen möchte. Hieraus können wir entnehmen, dass die beschriebene Plage so dramatisch denn doch nicht erlebt wird. Im Gegenteil überwiegen ganz offensichtlich die vergnüglichen, glücklichen und erholsamen Eindrücke. Lassen Sie sich also nicht durch die Äußerungen angeblich erfahrener Finnlandreisender ins Bockshorn jagen, sondern packen Sie wohlgemut Ihre Koffer, wenn Sie Richtung Norden starten wollen, und nehmen Sie die Mücken und sonstigen Stecherlein als das, was sie sind: lästig, teils unvermeidbar, aber in der Regel nicht der (ständigen) Rede wert.

Hoppla, welcher Teufel hat mich denn da geritten? Hab' ich das jetzt wirklich ernst gemeint? Na ja, ein bisschen möchte' ich Sie doch verwirren. Also, im Sinne einer wahrheitsgemäßen, korrekten Schilderung stellen wir uns mal folgende Situation vor:

Sie möchten gerne bei und mit Ihren finnischen Freunden einen gemütlichen Abend am nuotio (zu Deutsch: Lagerfeuer) verbringen. Sinnvollerweise wird solch ein Feuerchen, wie Sie sich bestimmt denken können, im Freien entzündet. Der Juli-Abend ist lau, es duftet nach Heu, Kiefern, Urlaub ... Lassen Sie sich nicht einlullen: Die Stechmonster lauern bereits in ihren Schlupfwinkeln und tun nur so, als ob. Es empfehlen sich daher folgende, auf langjährigen Erfahrungen beruhende Verhaltensmaßregeln: Lassen Sie unbedingt Jussi oder einen anderen Ihrer finnischen Freunde die Vorbereitungen für das nuotio treffen. Hilfreich ist es dabei, wenn Sie »ungeschickterweise« bei den ersten zaghaften Versuchen, beim Holzholen zu helfen, stets ausgerechnet das gute, exakt abgelängte Saunaholz nehmen. Jussi wird Sie sofort für so inkompetent halten, dass er freiwillig sämtliche weiteren Arbeiten selbst übernimmt. Das ist gut für sein finnisches Selbstwertgefühl, gleichzeitig schont es Ihren Rücken ... Denn das bedeutet: Jussi karrt mehrere Schubkarren Brennholz heran, die Speisen – denn es muss am Lagerfeuer was gegessen werden, in unserem Fall Wurst (makkara), Senf (das finnische Wort ist Ihnen bekannt; erinnern Sie sich?), Brot (leipä), Käse (juusto), Fisch (die finnische Bezeichnung kennen Sie auch schon) und anderes – Teller, Gläser, Messer, Gabeln, Flaschenöffner usw., sodann die Getränke (Bier = olut), er stellt die Bänke oder Baumstümpfe zurecht, die als Sitzgelegenheiten dienen, holt Spieße, um die Wurst am Feuer zu braten, Papier zum Anzünden, Streichhölzer und allerlei Sachen mehr. Kurz und gut, er ist etwa zwei Stunden mit den Vorarbeiten beschäftigt. Das ist wichtig, denn erstens sind die Schnaken gegen Abend besonders aktiv und werden Jussi – entgegen ihren sonstigen rücksichtsvollen Verhaltensweisen Finnen gegenüber – schon mal als Vorspeise vernaschen. Zumal ja anfangs noch kein Feuer brennt und aus diesem Grund – logisch, logisch – auch keine Rauchentwicklung zu erwarten ist, die die Biester wenigstens ein klitzekleinwenig verjagen würde. Zum zweiten benötigen Sie diese Zeit, um Ihre persönlichen Schutzmaßnahmen treffen zu können, als da sind:

Sie kramen zuerst mal ein Paar alte, verstaubte, leicht morsche Gummistiefel aus der Ecke im Sommerhaus, die Ihnen Jussi und seine Frau leihweise zur Verfügung gestellt haben. Sie selbst haben nämlich von Deutschland nur Pumps, Sandalen und ein Paar Wanderschuhe mitgebracht. Woher sollten Sie auch wissen, dass diese Gummi-Galoschen das hiesige Standard-Schuhwerk darstellen, das lediglich bei festlichen Aktivitäten wie Hochzeiten oder Staatsempfängen (da auch nicht immer) gegen Lederschuhe ausgewechselt wird. Es gibt Finnen, die behaupten, schon mit Gummistiefeln an den Füßen auf die Welt gekommen zu sein!

Aus Ihrem Reisegepäck benötigen Sie nunmehr eine lange Unterhose, ein langärmeliges Unterhemd, ein Paar knielange Strümpfe, ein Paar dicke Wollsocken (um in den Gummistiefeln mit Schuhgröße 50 nicht hin und her zu rutschen), ein langärmeliges Hemd aus dickem Baumwollgewebe, eine lange Hose, ebenfalls aus dickem Baumwollstoff, einen engmaschig gestrickten Pullover, am besten mit Rollkragen, eine Windjacke mit Kapuze sowie zwei Gummiringe von Einmachgläsern. Gerne können Sie auch noch den Hut mit Moskitonetz aufsetzen, den Sie auf Anraten der erfahrenen Skandinavienkenner in Deutschland im Jagdgeschäft erstanden haben. Leider haben diese Spezialisten Ihnen nix davon gesagt, dass Sie Gummistiefel mitnehmen sollten (diesen Rat gebe ich übrigens wirklich ganz ernsthaft!).

Ziehen Sie sich nunmehr diskret mit den aufgelisteten Utensilien in einen geschlossenen Raum (z. B. die Sauna) zurück. Vergessen Sie den Kanister mit Mückenschutzmittel nicht! Ihre Schutzkleidung legen Sie dort bitte wie folgt an: Als Erstmaßnahme dient eine Ganzkörperwaschung mit dem sog. Repellent, also Mückenabwehrpräparat. Übrigens: Die Bezeichnung «Repellent« soll für »Abweismittel« stehen, abgeleitet aus dem Englischen: to repel = zurückstoßen, abweisen. Ich hatte allerdings mit Blick auf die Wirkung dieser Mittel schon häufiger den Verdacht, dass es sich in Wirklichkeit um einen Schreibfehler handelt und dieses Zeug richtiger «Appellant» heißen müsste, vom lateinischen «appellare» = anrufen, herbeirufen ...

Na, wurscht, jetzt geht's weiter mit den Vorbereitungen für das abendliche Lagerfeuervergnügen. Nachdem Sie das Eintrocknen des Mückenschutzmittels (schützt das eigentlich die Mücken?) abgewartet haben, beginnen Sie mit dem Anlegen der körpernahen Kleidungsstücke: lange Unterhose sowie Unterhemd. Bitte achten Sie peinlich genau darauf, dass das Unterhemd in die Unterhose gesteckt wird! Sie leben sonst in der Gefahr, dass sich beim Sitzen oder Bücken eine Lücke zwischen den beiden Wäscheteilen öffnet. Und die itikkat sehen das SOFORT! Die knielangen Strümpfe werden nunmehr faltenfrei über die Füße gestreift und bis in die Kniekehlen hochgezogen. Vorher die Unterhosenbeine leicht umschlagen, damit diese nicht beim Anziehen der Strümpfe mit nach oben rutschen. Sind Sie soweit? Okay. Nehmen Sie das langärmelige Hemd und schlüpfen hinein. Schließen Sie dann sämtliche Knöpfe, insbesondere auch die der Manschetten. Es folgt die Hose – wie das geht, wissen Sie ja wohl. Auch hier gilt: Alle Knöpfe und Reißverschlüsse müssen geschlossen werden. Jetzt sind Sie für den Anfang schon mal ganz gut geschützt. Ergreifen Sie nun die beiden Gummiringe und streifen Sie sie unten über Ihre Hosenbeine, so dass hier ein hermetischer Verschluss entsteht. Da liegt noch der Pullover: Der kommt als Nächstes dran. Rasch die Windjacke drüber, Kapuze hoch und zuschnüren. Halt!! Was machen Sie denn?! Sie können doch nicht so einfach in die Gummistiefel schlüpfen! Erst mal müssen Sie die ausschütteln und mit der Taschenlampe ausleuchten, ob keine Ameisen oder Spinnen oder Milben drin sind! Es sei denn, Sie wollen unbedingt heute Nacht wegen entsprechender Biss-Stellen wach bleiben. So, und jetzt kann's losgehen. Viel Vergnügen am nuotio.

Ach, fast hätt' ich es vergessen, noch ein Tipp: Nehmen Sie ein Messer mit. Das gilt nicht nur fürs Lagerfeuer, sondern besonders, falls Sie mal zum Beeren- oder Pilzesammeln in den Wald gehen möchten. Sehr hilfreich ist ein echt finnisches puukko. Das ist ein Jagdmesser mit einer sehr scharfen, zugespitzten Klinge, die in einen Holzgriff, meist aus Birkenholz, eingelassen ist. Das Messer ist in einer ledernen Scheide geschützt, die man am Gürtel befestigen kann. Puukko gibt es in allen möglichen Ausführungen, es kann sehr teuer sein, je nach Hersteller und Verarbeitung. Ein solches puukko wird von seinem Besitzer in hohen Ehren gehalten, und gar mancher Finne hat damit schon Bären und Elche erlegt – zumindest hat er so etwas geträumt, auch mehrfach, und je öfter man so etwas träumt, umso wahrer wird es …

Mein Rat zur Mitnahme eines Messers bezweckt jedoch nicht, dass Sie einen finnischen Bären (es soll in den finnischen Wäldern noch mehrere Tausend davon geben, und ich selbst habe vor Jahren erlebt, dass ein Bär eine Kuh in der Nähe unseres Sommerhauses gerissen hat. Auch das ist diesmal keine Münchhauseniade) oder einen Elch erjagen. Stechmücken lassen sich so ebenfalls nur sehr bedingt abwehren. Nein: Mit Hilfe des Messers können Sie sich einen gut belaubten Erlen-, Weiden- oder Birkenzweig abschneiden, um damit die Schnaken am Feuer bzw. im Wald wegzuwedeln …

Über das Pilzesuchen, Beerensammeln und einige andere

Unternehmungen werde ich Ihnen an anderer Stelle in diesem Buch noch ein bisschen erzählen. Bis dahin: Lassen Sie sich Wurst, Brot und Bier am Feuer schmecken. Sie werden sehen, dass die Schnaken Sie kaum stechen werden ...

Das Wichtigste in Kürze

1. einige Vokabeln

itikka	Stechmücke, Schnake, in Südfinnland auch als «hyttynen» bezeichnet
paarma	Bremse (das Tierchen, nicht die Fahrzeugbremse)
muurahainen	Ameise
hämähäkki	Spinne
ampiainen	Wespe
punkki	Zecke
hirvi	Elch
kärpänen	Fliege
kärpäset	Fliegen (Nominativ Plural)
nuotio	Lagerfeuer
juusto	Käse
olut	Bier
puukko	finnisches Jagdmesser

2. einige Sprachregeln

Die obigen makkara, leipä, juusto sind Grundformen. Tatsächlich benutzt man jedoch korrekterweise die Formen makkaraa, leipää, juustoa, oluta (Partitiv Singular). Das entspricht dem deutschen »Ich esse Wurst« (also nicht »*die* Wurst«), »Ich esse Brot« (also nicht *das* Brot«), »Ich esse Käse« (also nicht *den* Käse), »ich trinke Bier« (also nicht *das* Bier). Übrigens heißt »Ich esse Wurst« auf Finnisch: »Minä syön makkaraa.« Minä ist auf Finnisch: »Ich«, »syödä« heißt »essen«. »Ich esse« lautet im Finnischen: »Minä syön« (umgangssprachlich lassen die Finnen das »minä« in der Regel weg und sagen einfach: »syön.«). »Ich esse Brot« = »Minä syön leipää.« Uff – das ist gar nicht so einfach zu erklären, ohne zu tief in irgendwelche grammatikalischen Fachdiskussionen einzusteigen. Denn dem wäre ich gar nicht gewachsen, da ich Finnisch selbst nur durch Hören, Nachahmen und Probieren »erlernt« habe. Aber Sinn dieser kleinen Texte ist ja lediglich, Ihnen einen Eindruck der finnischen Sprache zu geben. Für mich stehen daher nicht die korrekten Grammatik-Regeln im Vordergrund, sondern mir ist eher das sprachliche »Bauchgefühl« wichtig.

3. und einige (nicht ganz ernst gemeinte) Verhaltenstipps

Es ist nicht anzuraten, sich bei etwaigen Aktivitäten handwerklicher Art wie Holz hacken, sägen, tragen oder stapeln, rudern, angeln, Netze oder Reusen auslegen, Sauna heizen, Wasser tragen, Plumpsklo leeren, Pilze oder Beeren säubern und ähnlichen Dingen als Ausländer geschickt anzustellen. Oder gar zu zeigen, dass man derlei Dinge möglicherweise schon mal gemacht hat. Zum einen irritieren Sie damit Ihre finnischen Gastfreunde, die nicht damit rechnen, dass Sie sich derartige Dinge zutrauen. Zum zweiten sind Sie hier im Urlaub. Zum dritten sollten Sie den Einheimischen die Freude bereiten, die oben beschriebene Erwartung bestätigt zu finden. Zum vierten tut Ihnen jetzt noch der Fuß weh, auf den Jussi vorgestern beim Holzstapeln den dicken Birkenscheit fallen ließ ...

Am besten beachten Sie die Sie umschwirrenden Insekten so wenig wie möglich. Das frustriert die nämlich derart, dass Sie gute Chancen haben, nicht allzu sehr gepiesackt zu werden.

Ernsthaft: Versuchen Sie, nach einem Stich möglichst nicht zu kratzen! Sie werden erleben, dass der Juckreiz und die Schwellung sehr rasch abklingen!

Sprach-Trauma in Rauma

Finnland besteht zugegebenermaßen aus sehr viel Natur in jeder nur erdenklichen Form. Und die im Kapitel »Anflug, Warteschleife, Landung ... Stich« beschriebenen fliegenden Quälgeister sind nicht zuletzt auch ein Zeichen dafür, dass ihre Umgebung noch recht intakt ist. Unter diesem Aspekt jucken die Stiche an Ihren Beinen doch schon viel weniger, nicht wahr?!

Finnland hat jedoch neben der gut genährten, ja sogar dicken Mutter Natur mit ihrem ebenso voluminösen Busen, an dem sich gut ruhen lässt, auch unzählig viel Sehenswertes aus Kultur, Geschichte und Politik etc. zu bieten (zum letztgenannten Bereich: Wo sonst auf der weiten Welt gibt es ein Parlamentsgebäude, das neben einem Swimmingpool auch eine Sauna für die Abgeordneten aufweist?). Und es ist unmöglich, sämtliche Veranstaltungen aufzuzählen, die im Land auf dem Gebiet der Musik, des Theaters, des Sports usw. stattfinden, oder die große Zahl der finnischen Frauen und Männer zu nennen, die in allen nur vorstellbaren künstlerischen Bereichen auch international einen hervorragenden Ruf genießen. Es würde eine völlig unüberschaubare Auflistung.

Beschränken wir uns daher in diesem Buch auf das Herauspicken einiger leckerer Rosinen aus dem Riesengugelhupf finnischer Sehens- und Erlebnis-Würdigkeiten. Begeben wir uns auf eine kleine Reise entlang der malerischen, herrlichen Westküste.

Unberührte Natur? Ich bedaure: Da gibt es leider nicht nur Erfreuliches zu berichten. Es mag den einen oder anderen Leser stören, aber auch kritische Aspekte sollen hier nicht verschwiegen werden. Denn auch Finnland ist keine »Insel der Seligen«, und es ist nicht meine Absicht, Sie, liebe Leserin, lieber Leser, durch die Schilderung ausschließlich der »Schokoladenseiten« hinters Licht zu führen. Es ist nun mal so, dass der finnische Staat glaubt, seinen Bürgern etwas Gutes tun zu müssen: durch den Bau eines weiteren Blocks im bisher aus zwei Blöcken bestehenden Atomkraftwerk Olkiluoto an eben dieser Westküste, nahe der Stadt Rauma. Und damit nicht genug: ein vierter Block wird diskutiert, ja, ist womöglich schon geplant, und in den hiesigen Granitfelsen wird das weltweit einzige Atommüll-Endlager angelegt ... Schweden ist übrigens nur etwa 200 km Luftlinie entfernt. So bekommt die bisher mit einem Schmunzeln registrierte Eigenständigkeit finnischer Denkweisen allerdings eine völlig neue Dimension, die das Lächeln recht starr werden lässt ...

Aber bleiben wir locker: Immerhin hat Frankreich mit der Firma AREVA den Bau des kerntechnischen Abschnittes übernommen, wobei der französische Staat mit fast 600 Millionen Euro bürgt. Dafür ist die deutsche Firma Siemens »nur« für die konventionellen Bauteile zuständig. Und die finanzielle Sicherung erfolgt u. a. über einen internationalen Bankenverbund, der einen Kredit über fast zwei Milliarden Euro gewährte. Angeführt wird das Bankenkonsortium übrigens von der Bayern-LB. Deren Hauptanteileigner wiederum ist das Land Bayern ... Soviel kurz zum Thema »Globalisierung«, die offenbar nur eine Globalisierung des Geldes ist. Wir befinden uns hier im Norden in einem Land, in dem Windenergie sowie andere alternative Energieformen offensichtlich kein zentrales Thema darstellen. In einem Land, das neben zwei Uralt-Reaktoren aus den Jahren 1979 bzw. 1982 in Olkiluoto sowie dem in den nächsten Jahren fertiggestellten dritten Block zwei weitere Reaktoren an der Südostküste in Loviisa betreibt. Und in einem Land, dessen Bewohner mehrheitlich offenbar mit dieser Energiepolitik einverstanden sind – oder den verantwortlichen Politikern ihr volles Vertrauen schenken.

Doch bevor Sie aus Frust über meine nicht durchgängig in den satten Farben der Superlativ-Begeisterung schwelgende Schilderung Finnlands dieses Buch zuklappen und einen der auf Hochglanzpapier gedruckten Reiseprospekte zur Hand nehmen, lassen wir Olkiluoto und Loviisa »links« liegen und fahren nach Rauma. Das ist eine der – ungelogen – schönsten Städte nicht nur in Finnland, sondern in ganz Skandinavien. Die aus uralten Holzhäusern errichtete romantische Altstadt gehört zum Unesco-Weltkulturerbe. Sie ist das flächenmäßig größte zusammenhängende Holzgebäudeareal Skandinaviens und unbedingt wert, besucht zu werden! Die Stadt selbst hat etwa 39.000 Einwohner, die ungemein stolz nicht nur auf ihre Heimat, sondern insbesondere auf ihre lokale Sprache sind. Selbst Finnen, die aus anderen Landesteilen nach hier kommen, durchstreifen die alten Straßen und Gassen Raumas nur mit einem Sprachführer in der Hand oder im Gefolge eines Dolmetschers, an den sie sich ängstlich klammern ...

Sie meinen, nachdem Sie sich bis zu diesem Kapitel des vorliegenden Buches durchgekämpft haben, doch wenigstens ein oder zwei Worte Finnisch zu kennen? Ihnen könne da in Rauma nichts passieren, zumindest sprachmäßig? Seien Sie nicht so sicher: Die finnischen Touristen von Rauma lebten bis dato auch in dem Glauben, in Finnland werde Finnisch gesprochen – bis auf einige ganz amüsante Dialekte. Aber hier, in dieser Westküstenstadt, werden sie eines Besseren belehrt, und die posttraumatischen Folgen sind unabsehbar: Es gab hier schon Finninnen und Finnen, Original aus Suomi, die, hohlwangig vor Hunger, händeringend und flehentlich im Restaurant die englische Speisekarte verlangten – und diese Bitte in englischer Sprache vorbrachten, wohlgemerkt!

Sie verlangen wieder einmal einen Beweis von mir? Er soll Ihnen werden: Die lokale Zeitung »Kaupunkilehti uusirauma«, was auf Deutsch etwa »Stadtzeitung Neu-Rauma« bedeutet (kaupunki = Stadt, lehti = Blatt, Zeitung, uusi = neu) bringt in einer speziellen Rubrik namens »raumangiälise« Artikel in dieser Sprache. Hier ein Beispiel: »Suamen giält mailmall«. Ich kann nur vermuten, dass der Text irgendwas mit der »finnischen Sprache in der Welt« zu tun hat. Ich glaube im »Suamen« »Suomen« zu entdecken, was dem Genetiv von Suomi entspricht. »giäl«, vermute ich, hat was mit »Sprache« zu tun (auf Finnisch »kieli«) und »mailmall« erinnert mich an das finnische »maailma« = Welt. Für einen nicht des Finnischen Mächtigen ist es sicherlich sehr schwierig, das absolut Fremdartige gegenüber dem Hochfinnischen herauszuspüren, aber ich denke, dass Sie es ein wenig nachempfinden können. Dieser Dialekt verschluckt ständig irgendwelche Endungen, verkürzt oder verlängert Worte scheinbar beliebig, benutzt die Laute B, D und G, die im »richtigen« Finnisch überhaupt nicht vorkommen und verfügt über eine Fülle fremdsprachiger Wörter schwedischen, englischen, deutschen und anderssprachigen Ursprungs.

Raumas Altstadt ist übrigens deswegen so gut erhalten, weil sie seit 1682 keinen Großbrand mehr erlebt hat – anders als andere skandinavische Gemeinden, die auf Grund der überwiegenden Holzarchitektur immer wieder durch Feuersbrünste in Schutt und Asche gelegt wurden. Auch wenn es sprachliche Schwierigkeiten gibt, sollten wir in Rauma etwas essen, ehe wir nach Pori weiterfahren. Und in diesem Zusammenhang gebe ich Ihnen einen echten Insider-Tipp, der nicht nur für die hiesige Gegend, sondern für ganz Finnland gilt. Was tut ein hungriger Mensch, der sich in der Nähe eines ravintola (Sie erinnern sich: ravintola = Restaurant) oder eines baari aufhält und nicht völlig pleite ist? Er geht hinein, um etwas zu sich zu nehmen. Hier muss ich rasch einfügen, dass »baari« nicht die Bezeichnung für das ist, was wir unter einer »Bar« verstehen. Die Finnen nennen ihre größeren und kleineren Selbstbedienungs-Restaurants so. Ich habe ja schon mehrfach erwähnt, dass sie Individualisten sind.

Und was erfährt der hungrige Gast bei dieser Gelegenheit: Finnische Lokale sind generell sehr sauber, die Mitarbeiter höflich, die Speisen teuer. »Stimmt nicht«, zetert da ein Finne von hinten. Und deutet aufgeregt auf ein überdimensionales Plakat direkt neben dem Restaurant-Eingang, wobei er in höchsten Tönen schreit: »Lounas, lounas, lounas!!!« Ist das jetzt eine Art Kriegsgeschrei, oder was? Nein, lieber hungriger Rauma-Besucher, er will in seiner dezenten Art lediglich darauf hinweisen, dass zwar à la carte-Mahlzeiten in finnischen Restaurants meist relativ hochpreisig sind, es aber eine verbreitete Alternative gibt. Die ist den ausländischen Touristen allerdings oftmals unbekannt, eben, weil ihnen das Wörtchen »lounas« fremd ist. Man könnte auch den Verdacht haben, dass die Finnen eifersüchtig darüber wachen, dass möglichst kein Fremder davon erfährt ... Vermutlich ist es nur der aktuellen Aufgeregtheit unseres Finnen zu verdanken, dass er »lounas, lounas, lounas!« schreit und so zum Geheimnisverräter wird ...

Lounas ist nichts anderes als der »deutsche« Lunch und beinhaltet in der Regel ein Essen, das aus Vorspeise, Hauptgang und Dessert besteht. Da in Finnland stets Brot zu den warmen Mahlzeiten gereicht wird, ist auch das noch dabei. Zudem stehen auf einem Tisch oder in einer Kühltheke Milch, Sauermilch und »kalja« bereit. Unter »kalja« ist eine Art Malzbier oder Dünnbier zu verstehen, meist hausgemacht, was dann als »kotikalja« bezeichnet wird (koti = Heim). Entsprechend kann kotikalja unterschiedlich schmecken. Lassen Sie sich jedoch nicht abschrecken, auch wenn manch einer warnend seine Stimme erheben mag. Ganz überwiegend ist dieses – kalt getrunkene – Gesöff nicht schlecht, und die Finnen haben seinen Genuss auch überlebt … Sind natürlich besonders hartgesottene Burschen, was den Geschmack von Essen und Getränken angeht, wie Sie bestimmt schon bemerkt haben. Auf einer Geschmacksskala von »1 = ausgezeichnet« bis »6 = ungenießbar« ließe kalja sich etwa bei »4 = ausreichend schmackhaft zum Abgewöhnen« einordnen. Doch bevor meine finnischen Freunde und Bekannten mich lynchen, will ich der Wahrheit die Ehre geben: kalja schmeckt in der Regel wirklich gut und erfrischend, besonders an heißen Tagen.

Lounas ist eine feste Einrichtung in Finnland, die Speisen sind meist lecker und heben sich von dem üblichen Touristenangebot ab, weil sie »bodenständig« sind. Außerdem können Sie mehrfach von den Gerichten nehmen, ebenso von den Getränken. Und letztendlich bieten die Lokale diese umfangreiche Mahlzeit zu Preisen an, für die Sie in Deutschland vielleicht gerade mal im Schnellrestaurant einen Hamburger mit Pommes frites und eine kleine Cola bekommen.

Es gibt jedoch einen wichtigen Punkt: Lounas wird vielfach nur innerhalb einer begrenzten Tageszeit (z. B. zwischen 11 und 13 Uhr) angeboten. Gehen Sie rechtzeitig hin, da erfahrungsgemäß das Ganze sehr begehrt ist und es Ihnen passieren kann, dass um 12.30 Uhr nicht mehr viel übrig ist.

Nun aber ab Richtung Pori, einer Stadt mit etwa 77000 Einwohnern, gegründet 1558. Sie wurde bei einem Großbrand – wir erinnern uns, dass Rauma glücklicherweise seit mehreren Jahrhunderten von einem derartigen Ereignis verschont blieb – im Jahre 1852 fast völlig zerstört. Der Wiederaufbau erfolgte wesentlich großzügiger, mit breiten Alleen und weiträumigen Plätzen, und als Folge der verheerenden Erfahrungen mit der Feuersbrunst entstanden zahlreiche Steingebäude am Ufer des die Stadt durchfließenden Kokemäenjoki (Fluss von Kokemäki).

Wirklich bekannt gemacht aber hat eine außergewöhnliche Veranstaltung diesen Ort: das seit 1966 jährlich stattfindende Pori-Jazz-Festival. Es hat sich aus kleinsten Anfängen heraus zu einem Jazz-Treffen mit internationalem Renommee entwickelt. Berühmte Jazzmusiker waren und sind hier zu Gast, von A Salute To Max Roach feat, Odean Pope über Mumbo Jumbo bis zu Ziggy Marley. Insgesamt dürften sich im Laufe der Jahre einige hundert Künstler aus dem In- und Ausland in Pori getroffen haben. Und wenn diese Veranstaltung über die Bühne geht, platzt das Städtchen aus allen Nähten: Weit über 100 000 Besucher kommen inzwischen Jahr für Jahr im Sommer hierher, um dieses einmalige Ereignis zu erleben und mitzugestalten.

Und ein weiteres »Highlight« ganz anderer Art ist nahe Pori zu finden: der Strand von Yyteri ... Haben Sie noch parat, wie »Y« im Finnischen ausgesprochen wird? Genau: »Ü«. Und aus diesem Grund sagen wir auch nicht Ypsilon-ypsilon-teri zu diesem einzigartigen Naturgebiet, sondern – Täterätä!!! – Üüüüteri. Hervorragend, Ihre Aussprache! Ich lobe Sie! Yyteri ist ein kilometerlanger Sandstrand mit wunderbaren Dünen und einem Kieferwaldgürtel. Dieses Strandgebiet wird von den Finnen als das schönste in ganz Skandinavien bezeichnet, und in diesem Fall muss ich ihnen wirklich Recht geben. Geschickt und mit ausgeprägtem Einfühlungsvermögen wurden die auch hier vorhandenen Sport- und Ferienhausgebiete sowie Hotels in die Landschaft eingebettet, und das eigentliche Naturschutzgelände blieb unberührt. Dies ist ein bedeutsames Rückzugsgebiet für Zugvögel verschiedenster Art, und ein Sonnenuntergang am Strand von Yyteri ist ein besonders stimmungsvolles und bewegendes Erlebnis in Finnland.

Das Wichtigste in Kürze

1. einige Vokabeln

kaupunki	Stadt
lehti	Blatt, Zeitung
uusi	neu
kieli	Sprache, Zunge
maailma	Welt
baari	Selbstbedienungs-Restaurant
kalja	eine Art Malzgetränk
	oder Dünnbier
koti	Heim
lounas	Lunch

2. einige Sprachregeln

Der Genitiv Singular wird – wie Sie längst wissen – im Finnischen durch Anhängen des Suffix »-n« an den Wortstamm gebildet. Wieder muss ich darauf hinweisen, dass diese »Regel« wie stets vereinfacht ist, da es sehr oft auch zu Veränderungen der Schreibweise kommen kann (beispielsweise wird aus koti im Genitiv Singular »kodin«).

Beispiele: maailma = Welt, lehti = Zeitung, Zeitung der Welt = maailman lehti.

ravintola = Restaurant, vessa = Toilette, Toilette des Restaurants = ravintolan vessa.

Merke: Während wir im Deutschen sagen: »Zeitung der Welt«, heißt es im Finnischen: »der Welt Zeitung«. Wir sagen im Deutschen: »Toilette des Restaurants«, der Finne: »des Restaurants Toilette«.

3. und einige (nicht ganz ernst gemeinte) Verhaltenstipps

Sprechen Sie das Thema »Kernenergie« in Finnland nicht an. Wir alle können (oder wollen) an diesen Dingen offensichtlich nichts ändern. Wirtschaftliche »Zwänge« scheinen nun mal blind zu machen, hier wie dort. Wir müssen darauf hoffen, dass in den Reaktoren kein uns alle gefährdender Unfall geschieht. Denn wenn, dann ist nicht »nur« Finnland davon betroffen ...

Genießen Sie Ihren lounas aus vollen Zügen. Es gibt in Finnland sogar spezielle Restaurants, die ausschließlich als »lounasravintola« betrieben werden. Auch in den sog. baari, die an Tankstellen fast regelhaft zu finden sind, erhalten Sie oft ein schmackhaftes lounas-Essen. Aber: Frönen Sie bitte nicht der Unsitte, Speisen in irgendwelche Plastiktüten einzupacken und mitzunehmen. Derartige Verhaltensweisen, die tatsächlich in der Vergangenheit nicht so ganz selten gerade von deutschen Touristen gezeigt wurden (Tatsache, selbst mehr als einmal erlebt!), bringen die ganz überwiegend rücksichtsvollen deutschen Reisenden bei den Finnen in erheblichen Misskredit.

Immer nur Arbeit: Sauna, Schwimmen, Rudern

Erholung in Finnland heißt: Arbeit, Arbeit und nochmals Arbeit. Zumindest mal, wenn Sie in einem Ferienhaus (finnisch »mökki«) wohnen, mit eigener Sauna am See und Ruderboot. Aber genau das ist ja die richtige Art, seinen Urlaub in Finnland zu verbringen. Kein Mensch wird in dieses Land fahren, um dort drei Wochen lang vom Hotelzimmer aus über die Baumwipfel der näheren und weiteren Umgebung zu blicken und die Tage auf dem Balkon dösend zu verbringen. Finnlandurlaub bedeutet Leben in und mit der Natur. Das gilt eben auch, wenn damit Aktivitäten und Beschäftigungen verbunden sind, die den schwächlichen Mitteleuropäer ängstlich erbleichen lassen, aber den Finnen lediglich ein müdes Lächeln abringen. Denn ein echter Finne hat »sisu«.

Jetzt werden Sie womöglich fragen: »Was ist denn »sisu«? Kann man das essen?« Nun ja, man kann »Sisu« lutschen: Es gibt nämlich in jedem finnischen Supermarkt oder R-Kioski Lakritz-Pastillen zu kaufen, die mit Xylitol gesüßt sind, den Namen »Sisu« tragen und eine lange Tradition in Finnland haben. Sie können auch »Sisu«-Lkw fahren, sofern Sie einen entsprechenden Führerschein besitzen. Dabei handelt es sich um in Finnland produzierte, kraftstrotzende Lastwagen, die vor allem in Skandinavien Verwendung finden.

Aber alle diese »Sisu«-Produkte sind hier nicht gemeint. Wovon hier die Rede ist, ist »sisu« als originär-finnische Charaktereigenschaft. »Sisu« werden Sie in jedem Buch erwähnt finden, das sich nur im Entferntesten mit finnischer Mentalität befasst. »Sisu« ist so finnisch, dass man es letzten Endes nicht wirklich zutreffend und erschöpfend beschreiben kann: Ausdauer, Leistungs-, Einsatz-, Hilfs- und Kampfbereitschaft,

Kraft, Zähigkeit, Durchhaltevermögen, Belastbarkeit, Mut, aber auch Sturheit, Selbstüberschätzung und Unnachgiebigkeit sind in die »sisu«-Suppe eingerührt und ihre unverzichtbaren Zutaten. In gewisser Weise ist »sisu« ein Synonym für alles, was die spezifisch finnische Lebensart kennzeichnet.

Als Beispiel für »sisu« möchte ich folgende Begebenheit erzählen: Wir waren zu Dritt im mökki eines Verwandten auf einer Insel, sieben Kilometer übers Wasser des betreffenden Binnensees: ein älterer Finne, sein Sohn und meine Wenigkeit. Die Hinfahrt über den einsamen See verlief mit unserem relativ kleinen Boot und dem altersschwachen Außenbordmotor bei strahlendem Sonnenschein und spiegelglatter Wasseroberfläche ohne alle Probleme. Wir hatten eine herrliche Zeit auf den Felsen, beim Feuer und Nachtangeln und bei guten Gesprächen. Am nächsten Morgen: große Überraschung. Der See lag eingehüllt in dichte Nebelschwaden, die Sicht betrug vielleicht zehn Meter. Wäre ja an sich nicht so dramatisch gewesen, wenn Paavo (der Vater) nicht darauf beharrt hätte, dass er heute Morgen um zehn Uhr in seinem kleinen Laden hinter der Theke stehen müsse. Sein Sohn Tuomo und auch ich plädierten dafür, noch hier zu bleiben, um abzuwarten, ob der Nebel sich nicht lichtete. Keine Chance: »sisu«. Paavo MUSS in sein Geschäft ... Und zwar JETZT. Punkt.

Wäre ja immer noch nicht so aufregend gewesen, wenn nicht der schon erwähnte Außenborder beschlossen hätte, partout nicht anzuspringen. Egal, was Tuomo, unser Kapitän, unternahm: keine nennenswerte Reaktion des Teufelsapparates, allenfalls mal »blubb, blubb«. Paavo: »Ich muss in den Laden!« Nach geraumer Zeit und unzähligen Startversuchen gaben Tuomo und Paavo den Versuch auf, den Motor zum Laufen zu bringen. Mich als Deutschen ließen sie erst gar nicht ran.

Aber: Paavo muss in sein Geschäft. Dazu muss bemerkt werden, dass es zur damaligen Zeit noch kein Handy gab, mit dem wir jemanden hätten benachrichtigen können.

Nächster Vorschlag: Wir können ja rudern. Wozu sind denn sicherheitshalber Riemen in jedem Boot? Die Suche beginnt. Ergebnis: Es sind keine Riemen vorhanden. Definitiv nicht. Immerhin findet sich unter der Bank ein einsames Stechpaddel. Hat allerdings einen abgebrochenen Griff ... Aber: Paavo muss in seinen Laden!!

Soll ich Ihnen das Endergebnis verraten: Jetzt kommt ebenfalls »sisu«, nämlich bei Tuomo. Das sieht so aus: Paavo-isä (isä = Vater) sitzt in der Mitte des Bootes, der schon vom Zusehen schlappe Deutsche im Bug. Dazwischen werden die gesamten Utensilien verladen, die wir wieder mit nach Hause nehmen müssen, und der Außenbordmotor wird hochgeklappt. Tuomo bemächtigt sich des Stechpaddel-Überrestes, sitzt im Heck des Bootes und paddelt uns sieben Kilometer ans Festland. Wohlbemerkt: ein vollbeladenes Ruderboot, das hinten einen Außenbordmotor hängen hat. Wobei Paavo ständig die Kiellinie im Auge behält, da wegen des Nebels nur danach die Richtung zu bestimmen ist, die unser Boot zu nehmen hat. Und wir kommen an!! Paavo steht um zehn Uhr hinter seiner Theke. Das, liebe ungläubig staunende Leserinnen und Leser, hat wirklich und wahrhaftig stattgefunden! Und das, meine Lieben, ist »sisu«.

Ich weiß nicht, ob Sie in Ihrem Leben schon gerudert sind? Könnte natürlich sein, beispielsweise zwischen Schwänen auf dem Teich im Stadtpark ... In Finnland dürfen Sie das ausgiebiger tun, sofern Sie – wie eingangs erwähnt – sich ein Sommerhäuschen am See inklusive Ruderboot gemietet haben. Aber davon gehe ich jetzt einfach mal aus. Und selbst, wenn Sie bisher noch keine größeren Rudererfahrungen haben sammeln können, werden Sie bestimmt spätestens am Ende Ihres Urlaubs in Finnland einigermaßen elegant und ohne größere Unfälle am Steg Ihres Sommerhauses anlegen können. Das Abstoßen als unvermeidbare Voraussetzung, um dann wieder anlegen zu können, müssen Sie allerdings als Erstes lernen. Beginnen wir also damit.

Sie haben das Boot schon am Steg liegen? Sie und Ihre Mitruderin oder Ihr Mitruderer haben sich vergewissert, dass die beiden Riemen im Boot sind? Wunderbar. Jetzt übersteigen Sie den dem Steg zugewandten Bootsrand und: Platsch! Ja, ja, so ein Boot ist eine wacklige Angelegenheit, besonders, wenn es keiner festhält und beide Beteiligten gleichzeitig einsteigen möchten. Also auf ein Neues. Sie übersteigen den dem Steg zugewandten Bootsrand und: Platsch! Sie sollten im Boot stets in der Mitte nach vorne oder hinten krabbeln, nicht seitlich. Macht nichts, Sie waren ohnehin schon völlig durchnässt. Also zum Dritten: Sie übersteigen den dem Steg zugewandten Bootsrand und: Hurra! Sie sitzen.

Aber wo sind die Riemen? Nicht weit von Ihnen, da schwimmen sie doch, etwa zwanzig Meter vom Boot entfernt, sind bei dem Gewackle über Bord gegangen. Also: Platsch, hinein ins kühle Nass, die Riemen einsammeln. Und zurück ins Boot. Jetzt kann's losgehen. Beide Urlauber sitzen im Boot, und der Ruderer legt los. Boing!! Was ist denn jetzt? Nichts Ungewöhnliches, Sie haben nur vergessen, die Leine vom Steg zu lösen, mit der Sie das Boot festgebunden hatten, damit es nicht davonschwimmt. Aber das lässt sich ja nachholen. Und Platsch! Ich hatte Ihnen doch soeben gesagt, dass Sie im Boot immer mittig krabbeln müssen...

Aber immerhin, jetzt sind Sie auf dem See und rudern, genießen die Sonne, das leise Plätschern und Glucksen der Wellen am Kiel und den milden Wind, der über das Wasser streicht. Hat sich doch gelohnt, oder?

Hier sind noch einige vergnügliche Tipps, was Sie beim Rudern tun können, um Spaß zu haben: Vergessen Sie den Stöpsel für das Ablaufloch im Boden des Bootes. Sie glauben nicht, wie kräftig die eindringende Wasserfontäne sein kann. Oder: Legen Sie die Daumen Ihrer beiden Hände beim Rudern genau auf die Riemenenden: Das Gefühl beim Einquetschen ist unvergesslich. Oder: Werfen Sie auf dem See den im Boot liegenden Anker schwungvoll über die Reling: Anschließend sollten Sie prüfen, ob er mittels einer Leine am Boot befestigt ist ... Oder: Beugen Sie sich als Brillenträger tief über den Bootsrand, um die Fischlein zu betrachten. So mancher Hecht in finnischen Gewässern schwimmt wahrscheinlich mit einer Brille auf der Nase durch seine Jagdgefilde. Und finnische Optiker müssen ja auch leben.

Ebenfalls sehr schön ist es, zu erleben, wie viele Liter Wasser Ihre Gummistiefel fassen. Dazu eignet sich hervorragend das Anschieben vom Ufer aus in den See hinein, in der Absicht, im letzten Moment ins Boot zu steigen. Leider wurde das Wasser schneller tief, als Sie vorher dachten ... Noch erhebender ist natürlich, dabei auszurutschen und das davon gleitende Schiffchen aus einer Perspektive knapp über der Wasseroberfläche aus zu betrachten.

Alle diese erheiternden Möglichkeiten habe ich selbst erlebt oder ausgeführt!

Neben dem Rudern ist ein Hauptvergnügen der Saunagang. Wenn irgend möglich, sollten Sie gemeinsam mit Finninnen oder Finnen in die Sauna gehen. Zur Erinnerung: Wie ich schon im Kapitel »Von Savos Burg über Sahne und Heuwasser nach Kuopio« erwähnte, ist allerdings gemischtgeschlechtliches Saunieren in Finnland generell verpönt! Die Sauna war hier nicht wie bei uns eine »Wellness«-Einrichtung, sondern ursprünglich und ist auch heute vielfach noch das Badezimmer, in dem man sich wusch und sogar in früheren Zeiten Kinder gebar, weil es ausreichend heißes Wasser gab. Und so kennen die Finnen mehrheitlich auch nicht unser in ihren Augen eigenartiges Saunaverhalten, wonach man quasi nach der »Sanduhr« seinen Aufenthalt nimmt. Nein, Finnen bleiben so kurz oder lang in der Sauna, wie sie sich subjektiv wohlfühlen! Ist es ihnen nach zwei Minuten zu heiß, gehen sie raus und kühlen sich ab. Ist ihnen die Hitze angenehm, bleiben sie unter Umständen auch eine halbe oder dreiviertel Stunden drin. Seien Sie sich jedoch darüber im Klaren, dass im Zweifelsfall der Finne der Hitzegeübtere ist. Und es kann durchaus sein, dass er versucht, Ihnen das zu beweisen.

Aber auch wir Deutsche – zum Teufel – können harte Burschen sein, he, he! Beim Besuch auf einem finnischen Bauernhof im Winter vor einigen Jahren hatte ich nicht nur das Erlebnis einer wunderbaren Pferdeschlittenfahrt, sondern der Hausherr selbst ging mit mir in die Haussauna. Hitze: ungelogene 120 Grad. Und dann ging's drum, wer mehr »sisu« hatte, der Deutsche oder der Finne. Alle paar Minuten wurde »löyly« geworfen. Das ist das finnische Wort für »Aufguss« (der hier meist ohne künstliche Zusätze erfolgt wie bei uns, sondern mit klarem Wasser. Auch hierzu eine kurze Anmerkung: Bevor man Wasser auf die Steine gießt, ist es unbedingt erforderlich, die anderen Saunabesucher um Erlaubnis zu bitten!). Und mein lieber Saunagenosse schwitzte mehr und mehr, weil ich mir fest vorgenommen hatte, mich nicht unterkriegen zu lassen. Ja, auch wir Deutschen können »sisu« haben! Schließlich gab er »perkele« -fluchend auf und stürzte aus der Sauna. Ich selbst allerdings nur wenige Sekunden später ebenfalls ...

Die Finnen haben übrigens grundsätzlich ein seltsames Verhältnis zu Kälte bzw. Wärme: Beträgt die Temperatur in der Sauna z. B. 60 Grad Celsius, meckern sie: »Niin kylmä!«, zu Deutsch: »Wie kalt!«. Ist es im Winter draußen minus 5 Grad Celsius, meinen sie »Niin lämmintä!«, zu Deutsch: »Wie warm!« Na ja, ich weiß, ziemlich blöder Witz ...

In Finnland gehört die Sauna unbedingt zum Leben, und es war kein Jux, als ich im Kapitel »Appetithäppchen« erzählte, dass bei meinem Freund Matti das erste Gebäude auf seinem neu erworbenen Sommerhaus-Gelände die Sauna war. Der Sauna-Bau ist immer die Maßnahme, die der Errichtung des eigentlichen Sommerhauses vorausgeht. Ja, man kann fast sagen, dass eine »gute« Sauna für die Finnen fast wichtiger ist als das Haus selbst. Und obgleich in unseren heutigen Zeiten zunehmend eine Stromversorgung auch für viele Sommerhäuser üblich wird, gehört zu einer zünftigen Sauna immer noch, dass sie nicht elektrisch, sondern mit Holz beheizt wird.

Das Anzünden des Saunafeuers ist, nebenbei bemerkt, eine sakrale Handlung, in deren Ablauf finnische Kinder sorgfältig eingeführt werden. Und die echten Geheimtipps, wie man mit möglichst wenig Rauchentwicklung das Feuer entzündet, welche Zeitung am besten zum Anfachen geeignet ist, wie man Papier und Holz schichtet, welches Holz die beste Wärme abgibt, wie oft man nachlegen muss und dergleichen, werden innerhalb der Familie streng gehütet und manchmal erst auf dem Sterbebett offenbart. Sauna ist ein zentrales Thema jeder finnischen Konversation, und es können härteste Streitgespräche darüber entstehen, ob man einen Saunaofen mit integriertem Wasserbehälter benutzen sollte oder einen getrennten Ofen zur Wassererwärmung. Auch über die richtige Art der Lüftung, die verwendete Sorte des Holzes für die Wände, die Höhe, Breite und Länge der Sitzbänke und die Sorte der Aufgusssteine auf dem Saunaofen können sich die Finnen die Köpfe heiß reden.

Abgerundet wird ein Saunabesuch vielfach durch den Genuss von saunamakkara. Das ist eine Wurst, die entfernt an unsere Fleischwurst erinnert, zumindest äußerlich. Das Innere allerdings scheint bei den für uns Mitteleuropäer weniger »erstrebenswerten«, dafür bei den Finnen umso beliebteren Sorten überwiegend aus Sägemehl, vermischt mit gemahlenen Tannenzapfen und Spuren von Fleisch zu bestehen. Sie können makkara in jedem Supermarkt abgepackt kaufen, wobei es verschiedene Qualitätsstufen gibt (A- und B-makkara), je nach Fleischanteil, der zwischen etwa 17 und 80 Prozent schwankt. Übrigens ordnet die Europäische Union die natürlich nicht Sägemehl und Tannenzapfen, jedoch reichlich Mehl enthaltende Sorte der finnischen makkara nicht als Fleischprodukt ein, sondern als Backware ... Das sagt eigentlich doch alles, oder?

Der Witz ist, dass ich zugeben muss, dass die in der Sauna entweder in Alufolie direkt auf den Steinen des Saunaofens gebratene oder über dem Saunaofen hängend zubereitete Wurst saugut schmeckt. Sehr schmackhaft sind allerdings besonders die sog. nakkis (kleine fleischige Knackwürstchen). In unserer Sauna braten wir sie in einer Art Schüssel, an Drähten hängend über dem Saunaofen befestigt. Dazu ein kühles finnisches olut (olut = Bier), wobei beides, makkara und Bier nach dem Saunabesuch genossen werden – und die Welt ist in Ordnung.

In die Sauna zu gehen, ist trotz oder auch wegen der zentralen Stellung dieser Einrichtung im Alltagsleben immer wieder für jede Finnin und jeden Finnen etwas Besonderes. Ganz besonders an Festtagen wie Weihnachten. Ohne die «joulusauna» (joulu = Weihnachten) ist für die meisten Finnen Weihnachten nicht vorstellbar. Selbst kleine Kinder, die noch nicht mal auf den eigenen Beinchen stehen können, werden schon mit in die Sauna genommen: Mit hochrotem Köpfchen, glücklich grinsend, strahlen sie die anderen Saunabesucher aus der Wäscheschüssel an, in der sie im lauwarmen Wasser sitzen und krähen vergnügt bei jedem löyly. Selbstverständlich machen die finnischen Eltern das alles sehr vorsichtig, die Kleinen sind auch nicht auf der höchsten (heißesten) Saunabank. Wird der Nachwuchs dann älter und »saunatauglicher«, empfiehlt es sich, sich für einen etwaigen gemeinsamen Saunabesuch innerlich in besonderer Weise zu wappnen: Die Burschen können gar nicht genug löyly haben, und die Sauna muss richtig heiß sein. Ich habe erlebt, dass eine kleine Finnin von vielleicht acht Jahren, die mit mir und meiner Frau in der Sauna war, einen vollen Eimer Wasser auf die Steine goss und uns durch die Dampfschwaden völlig überrascht und verständnislos ansah, als wir fluchtartig den Raum verließen. Vermutlich lächelt sie heute noch verächtlich darüber, welche »Weicheier« wir waren.

Zu einem Bericht über die finnische Sauna gehört unbedingt eine wenigstens kurze Erwähnung der sog. vasta, der Bündel aus Birkenzweigen, mit denen man sich selbst oder den Saunanachbarn sanft »schlägt«, um die Hautdurchblutung anzuregen. Diese Birkenzweige (in manchen Gegenden Finnlands auch »vihta« genannt) kunstvoll in Form einer großen Quaste zusammenzubinden, ist eine Wissenschaft für sich.

Bis zum heutigen Tag bin ich nach Meinung meiner lieben finnischen Schwiegermutter, mit der ich mich hervorragend verstehe, nicht in der Lage, akzeptable vasta zu binden. Ganz echt sind vasta übrigens nur, wenn sie nicht mit Bindfaden etc. zusammengehalten werden, sondern mit einem geflochtenen Ring aus dünnen Birkenzweigen. Und besonders intensiv ist ihr Duft, wenn sie im Sommer kurz vor dem Saunagang aus frischen Birkenzweigen hergestellt wurden. Dabei ist es eine Kunst, die richtigen Zweige zu nehmen: nicht zu fest, sondern elastisch müssen sie sein und dürfen ihre Blätter nicht beim ersten Gebrauch verlieren.

Ich hoffe sehr, dass Sie während Ihres Aufenthaltes in Finnland die Gelegenheit haben, mit Einheimischen in die Sauna zu gehen und dabei auch die wohltuende Wirkung und den intensiven Duft frischer vasta erleben zu können. Dann im klaren Wasser zur Abkühlung zu schwimmen und anschließend gemeinsam entspannt bei makkara und olut zusammenzusitzen, wird Sie mit der Welt und allen ihren Sorgen versöhnen.

Das Wichtigste in Kürze

1. einige Vokabeln

mökki	Hütte, Kate, von den Finnen speziell als Bezeichnung für ihr Sommerhaus benutzt.
isä	Vater
löyly	Aufguss in der Sauna
niin	so, wie
kylmä	kalt

lämmin	warm
joulu	Weihnachten
nakki	kleine Knackwürstchen
vasta,	
auch vihta	Bündel aus Birkenzweigen zum Gebrauch in der Sauna

2. einige Sprachregeln

Die finnische Sprache kennt zwar auch Fragewörter (z. B. missä? = Wo?, mitä? = Was?, miksi? = Warum?), aber in vielen Fällen wird eine Frage im Finnischen wie im Deutschen ohne spezielles Fragepronomen formuliert. Beispiel: »Bist du müde?« Dabei heben wir im Deutschen die Stimme am Satzende an, wodurch dieser Satz verbal zur Frage wird. Die Finnen kennen dieses Anheben der Sprachmelodie nicht, sondern drücken den Fragecharakter durch das Anhängen des Suffix »-ko« an das Satzglied an, auf das sich ihre Frage bezieht. Hört sich komplizierter an, als es ist.

Nehmen wir obiges Beispiel: »Bist du müde?«

»Du bist« heißt auf Finnisch: »Sinä olet« oder einfach »olet«, »müde« ist in Finnisch »väsynyt«.

»Olet väsynyt.« bedeutet also im Deutschen: »Du bist müde.«

Und »Oletko väsynyt?« entspricht: »Bist du müde?«

»vanha« (Sie erinnern sich?) heißt auf Deutsch: »alt«

»Olet vanha.« bedeutet also: »Du bist alt.«

»Oletko vanha?« entspricht »Bist du alt?«

3. und einige (nicht ganz ernst gemeinte) Verhaltenstipps

Wenn Sie mit Anderen in der Sauna sitzen, seien Sie nicht zimperlich und schütten Sie unablässig Wasser auf die heißen Saunasteine, und zwar, ohne Ihre Saunagenossen vorher zu fragen. Man wird Sie lieben und verehren. Allerdings sollten Sie sich nicht wundern, wenn niemand mehr mit Ihnen in die Sauna geht. Und übrigens: Wer löyly geworfen hat, hat nicht das Recht, sofort danach die Sauna zu verlassen, weil die Dampfwolken und die Hitze unerträglich werden! Verursacher müssen durchhalten!

Lassen Sie beim Saunabesuch die Tür immer sperrangelweit offen, wenn Sie zum Luftschnappen oder zur Abkühlung nach draußen gehen. Ihre Rücksichtnahme auf die anderen Saunagänger wird dankend registriert werden ...

Lappen, Samen und Finnen: wie bitte?

Wie können drei Wörter, die irgendwie alle mit skandinavischen Einwohnern zu tun haben, nur derartig seltsame Blüten treiben? Ich meine, hinsichtlich ihrer Bedeutung für uns Deutschsprachige. Oder denken Sie bei »Lappen« nur an den betreffenden Volksstamm? Fällt Ihnen bei »Samen« nur ein, dass das der richtigere (und von den Samen bevorzugte) Namen für die Lappen ist? Und kennen Sie unter dem Begriff »Finnen« wirklich nur unsere lieben Freunde, um deren Land und Lebensweise sich dieses Buch dreht?

Nein, obgleich die »Lappen« nun wirklich und wahrhaftig mehrheitlich keine »Lumpen« sind, die hier gemeinten »Samen« vermutlich nur extrem selten aus einer Gärtnerei oder Samenhandlung kommen und die im Mittelpunkt dieses Buches stehenden »Finnen« ganz überwiegend sympathisch erscheinen und in keiner Weise bandwurmartige Ursprünge haben: Es bleibt ein sehr humoriges Phänomen, dass alle diese Bezeichnungen im Deutschen ihre doppelten Bedeutungen haben ...

Was uns jedoch nicht daran hindern soll, uns etwas ausführlicher mit den betreffenden Volksgruppen, ihren Sitten und Gebräuchen sowie ihren Lebensräumen zu befassen. Und zu diesem Zweck geht's jetzt ab an den Polarkreis, nach Rovaniemi. »Napapiiri« nennen die Finnen diese imaginäre Grenze, wörtlich: »Nabelkreis« (napa = Nabel, piiri = Kreis, Zirkel, Zone). Anscheinend ist diese Gegend nach ihrer Auffassung der »Nabel der Welt«. Kann man möglicherweise drüber streiten ... Dieser napapiiri geht – nebenbei bemerkt – nicht, wie häufig angenommen wird, direkt durch die ursprüngliche Stadt Rovaniemi, sondern verläuft einige Kilometer nördlich. Durch die Eingemeindung der Landgemeinde Rovaniemi im Jahre 2006 wurde das Stadtgebiet übrigens so ausgedehnt, dass es heute flächenmäßig zu den größten der Erde gehört – mit etwa 59000 Einwohnern.

Rovaniemi bezeichnet sich selbst als »Tor zu Lappland«, und in Bezug auf Finnisch-Lappland trifft das auch zu – allerdings muss man dazu wissen, dass das Land der Samen (von ihnen selbst »Same Ätnam« genannt) große Teile Nordfinnlands, Schwedens und Norwegens umfasst. Bis zum heutigen Tag haben die Samen als die eigentlichen Ureinwohner dieses Gebietes mit schwierigsten politischen Bedingungen zu kämpfen - und zwar in allen nordischen Staaten. Die Geschichte dieses Volkes datiert in ihren Anfängen weit in die Zeit vor Christi Geburt und ist seit der Wikingerzeit von Unterdrückung, Vertreibung und Herabwürdigung gekennzeichnet. Bis in die Jetztzeit sind samische Kultur, Lebensweise, Sprache und wirtschaftliche Existenz durch vielfältige Eingriffe bedroht – bis hin zu den dramatischen Folgen der Tschernobyl-Katastrophe 1986, als wegen der radioaktiven Verseuchung fast 80000 Rentiere notgeschlachtet werden mussten. Ohne, dass die Besitzer eine adäquate Entschädigung erhielten, wohlgemerkt.

Die noch lebenden etwa 70000 Samen (etwa 40000 in Norwegen, 20000 in Schweden und 10000 in Finnland) wurden und werden von der »Kultur« der politischen Staaten, auf die sich ihr Lebensraum verteilt, deren Wirtschaftskraft und die internationalen Machtverhältnisse zunehmend hinsichtlich des Bestands und Erhalts ihrer Eigenständigkeit erdrückt. Erst durch die Gründung des sog. »Samischen Rates« Mitte der 50er Jahre des vergangenen Jahrhunderts konnten die Samen sich eine grenzüberschreitende Interessenvertretung schaffen. Aber die Geschichte dieses Volkes erinnert in weiten Teilen tragisch an die der Indianer Nord- und Südamerikas. Es bleibt zu hoffen und zu wünschen, dass das Lebensrecht dieser Menschen besser als in der Vergangenheit und besser als das der Ureinwohner Amerikas geachtet wird.

Finnisch-Lappland (»Lappi« oder »Lappin lääni« (als Verwaltungsbezirk)) ist eine Landschaft von einzigartigem Reiz – und das zu allen Jahreszeiten. Wenn man nicht dort gewesen ist, kann man sich die Schönheit dieser Gegend nicht vorstellen. Insbesondere im nordischen Herbst, zu Zeiten des sog. »ruska« (auch »ruska-aika«) im September, werden Sie in dieser grenzenlosen Tundra Ihr Herz verlieren. Es ist die Zeit, in der sich in Lappland die Blätter der Bäume bunt färben und unendliche Weiten von Blaubeer-, Moosbeer- und Preiselbeersträuchern, Heidepflanzen und Sumpfgras in leuchtendem Rot-Braun-Gelb-Orange erstrahlen.

Lappland ist eine Region, deren Reiz sich am besten dem erschließt, der sie zu Fuß durchwandert. Sie werden bei einer solchen Gelegenheit Erfahrungen machen können, die Ihnen für immer in Erinnerung bleiben. Das bezieht sich nicht auf die Myriaden von Stechmücken, die Sie hier überfallen werden, und auf die Sie sich unbedingt seelisch, aber auch hinsichtlich Ihrer Ausrüstung einstellen sollten. Vielmehr kann man mit wirklichem Recht von Lappland als dem größten europäischen Naturgebiet reden, mit entsprechender Fauna und Flora. Und die Finnen haben hier mit den Nationalparks (z. B. Lemmenjoki-Nationalpark und Urho-Kekkonen-Nationalpark) eine echte naturerhaltende Leistung vollbracht. Diese Naturschutzgebiete sind offen für Jeden, allerdings existieren klare, strenge Auflagen. So ist es beispielsweise untersagt, die gekennzeichneten Wanderwege zu verlassen oder irgendwelche Eingriffe in der Natur vorzunehmen. Es muss leider wahrheitsgemäß beklagt werden, dass gerade von deutschen Touristen in den vergangenen Jahren immer wieder massive Verstöße begangen wurden, bis hin zu so spleenigen Ideen, Bäume zu fällen, um sich eine Hütte zu bauen. Es hat solche Übergriffe nicht nur einmal gegeben! Sie wurden dann oft mit Ausweisung geahndet, und die finnischen Zeitungen haben über derartige Vorkommnisse ausführlich berichtet. Dass das nicht gerade zur Steigerung des Ansehens deutscher Wanderer in der finnischen Öffentlichkeit beiträgt, leuchtet sicher jedem ein.

Wanderungen in Lappland gehen u. U. durch sehr einsame Gegenden. Es ist daher unbedingt erforderlich, vor Ihrem Aufbruch in die Wildnis in Ihrem Hotel oder bei Bekannten eine Nachricht zu hinterlassen, welche Tour Sie vorhaben, und wann Sie gedenken, zurückzukommen. Im Internet finden Sie ausführliche Hinweise, detaillierte Beschreibungen und alle nur erdenklichen Tipps sowie Antworten auf Ihre bei der Planung eines Lapplandbesuches auftauchenden Fragen. Allerdings möchte ich doch eine Empfehlung weitergeben: Sollte Ihr Ziel der Lemmenjoki-Nationalpark und dort die Gemeinde Inari am gleichnamigen järvi (zu Deutsch »See«) sein, so versäumen Sie keinesfalls den Besuch im Museum der Samen, das direkt am See gelegen ist. Der Name dieser Einrichtung: siida. Hier finden Sie eine beeindruckende Ausstellung sowie ein ausgedehntes Freilichtgelände, die Ihnen das Leben der Samen von den Anfängen bis in unsere Zeit nahe bringen. So werden Sie verstehen lernen, wie entbehrungsvoll und hart das Leben dieses Volkes sich gestaltet hat, gerade auch unter dem Aspekt der langen, dunklen Winterzeit.

»Lappland« könnte - zumindest außerhalb der Touristenzentren – fast synonym mit »Natur« gebraucht werden (alleine der Lemmenjoki-Nationalpark mit 2850 km² ist größer als das Saarland mit 2570 km²). Dementsprechend suchen viele Besucher hier, fernab der großen Touristenströme, ihr »individuelles« Finnland. Der finnische Staat bietet diesen Besuchern in den unendlichen Weiten Lapplands diese Möglichkeit, mitten in der Stille und Ursprünglichkeit der Nationalparks zu sich selbst zu finden.

Aber wir wissen: Es gibt eben auch andere Menschen mit anderen Bedürfnissen, und für die könnte eine Adresse in Rovaniemi für einen Besuch in Frage kommen: Das »Dorf des Weihnachtsmannes«, englisch: »Santa Claus village«, finnisch: »Joulupukin Pajakylä«. So. Und jetzt kommen Erklärungen: als Erstes mal die finnischen Wörter: joulu = Weihnachten, pukki = Bock (in obiger Bezeichnung handelt es sich um den Genetiv Singular von pukki, und der wird zwar mit der Endung »-n« gebildet, gleichzeitig wird aber ein »k« in pukki gestrichen, also: »pukin«; wäre ja auch sonst zu einfach ...). »Joulupukki« heißt demnach wörtlich »Weihnachtsbock« (Ach du je!), ist aber der finnische Name des Weihnachtsmannes. Das finnische »paja« bedeutet im Deutschen »Schmiede« oder »Werkstatt« und »kylä« = »Dorf«. Nicht zu verwechseln mit »kyllä« = »Ja«.

Jetzt geht es weiter mit Erklärungen: »Joulupukin Pajakylä« ist der Name des von cleveren Tourismusmanagern in Rovaniemi errichteten Weihnachtsdorfes. Das ermöglicht es, Weihnachten das ganze Jahr über zu feiern, auch im Hochsommer ... Was soll's, in mehreren Orten in Deutschland – den Amis und Japanern sei Dank – haben Sie ebenfalls die Möglichkeit, rund um das Jahr Glitzerkram für den Weihnachtsbaum zu erstehen, oder die Heilige Familie einschließlich der entsprechenden Behausungen in jeder nur vorstellbaren Ausführung. Im Dorf des Weihnachtsmannes finden Sie: ein Café und Restaurant, das sog. Weihnachtshaus mit »Polarkreis-Geschenken«, mehrere Geschäfte mit »Lappland-Produkten«, eine Weihnachtsausstellung, Souvenir-Läden, einen Reiseveranstalter für Lapplandsafaris, »Hassu Hirvi« (»Elch Lustig«, hassu = lustig, hirvi = Elch), das Büro und das »Hauptpostamt« des Weihnachtsmannes und selbstverständlich den Joulupukki selbst mit seinen tonttus (finnisch: tontut (Nominativ Plural). Das sind die Weihnachtswichtel, die dem Joulupukki zur Hand gehen. Dort gibt es Joulupukki-DVDs und -Videos etc. zu kaufen, und Sie können Weihnachtsgrüße für Ihre Lieben oder sich selbst in Auftrag geben (das übrigens auch von Deutschland aus). Muss ich noch mehr von dieser Touristenattraktion berichten, in die jährlich mehrere hunderttausend Urlauber aus aller Welt kommen? Lediglich von Helsinki wird Rovaniemi hinsichtlich der Besucherzahlen überrundet. In »Wirklichkeit« aber wohnt der Joulupukki gar nicht in Rovaniemi, sondern am sog. »Korvatunturi« in Ostlappland, etwa 200 Kilometer von Rovaniemi entfernt. »Korva« ist das finnische Wort für »Ohr« und »tunturi« bezeichnet die baumlosen Hochflächen im Norden (auch Fjell oder Fjäll genannt). Aber der finnische Weihnachtsmann litt offenbar in der dortigen Abgeschiedenheit unter zunehmender Langeweile, und außerdem hätten die betuchten Touristen nur unter erheblichen Schwierigkeiten dorthin gebracht werden können. Und so entschloss der Joulupukki sich, ins schöne Rovaniemi zu übersiedeln, zumal ihm die ortsansässigen Tourismusmanager dort so ein schickes Domizil anboten. Vielleicht spielte ja auch die Tatsache eine Rolle, dass ihm im

Weihnachtsdorf von Rovaniemi so viele hübsche, junge Wichtelinnen zur Seite standen (und stehen). Irgendeinen Grund muss es ja haben, dass der Weihnachtsmann im Finnischen »Weihnachtsbock« heißt ...

Im Ernst: Trotz ausführlichster Recherche kann ich Ihnen keine zutreffende Erklärung für diese etwas eigenartige Bezeichnung anbieten. Natürlich ist auch mir bekannt, dass es in den skandinavischen Ländern die alte Sitte gibt, zur Weihnachtszeit Strohböcke aufzustellen, die mit roten Bändern umwickelt sind. Aber ob das der Hintergrund für diesen Namen des altehrwürdigen Weihnachtsmanns darstellt?

Naheliegender erscheint mir, dass der in Finnland zur Weihnachtszeit so beliebte »glögi« einst die Sinne der Namensgeber verwirrt hatte. Ich stelle mir vor, dass sie in Feierlaune gemeinsam mit dem Weihnachtsmann, dem urigen Alten, leicht angetörnt durch die finnische Bauernstube hoppelten. Dabei ließen sie ihn möglicherweise nicht nur hochleben, sondern entdeckten mit leicht verschwommenen Blicken eine scheinbare Ähnlichkeit zwischen ihm und den überall rumstehenden Strohböcken. Und da: Zack, schon war sein Titel aus der glögi-Laune heraus geboren. Als die Beteiligten wieder nüchtern waren, was einige Zeit dauerte, war dann alles zu spät: Die Kinder hatten schon überall herumerzählt, dass ein rotgewandeter, dickbäuchiger »Joulupukki« die Geschenke gebracht hätte. Und zwar lustiger Weise auf allen Vieren ...

Was aber, liebe Leserin, lieber Leser, ist »glögi«? Es gibt für dieses Getränk die unterschiedlichsten Rezepte. Gemeinsam ist allen, dass sie mehr oder weniger Alkohol enthalten. Eher allerdings »mehr«, in der Regel in Form von Wodka. Daneben besteht glögi aus Rot- oder Becrenwein, der quasi als

Geschmacksträger dient. Rotwein sei doch schon für sich genommen ein alkoholisches Getränk, meinen Sie? Nicht nach finnischer Auffassung, wenn's um glögi geht! Nun ja, das Ganze wird erwärmt, und dann kommen Rosinen und Mandeln, im Ganzen oder auch als Splitter, hinein. Die dienen dazu, sich zu verschlucken und Hustenattacken zu erleiden, so dass man als Ersthilfe dann ein weiteres Glas glögi hinterherspülen muss, um den Hals wieder frei zu bekommen. Glögi ähnelt also unserem zur Winterszeit beliebten Glühwein, ist nur um Potenzen stärker.

Möglicherweise liegt auch im verbreiteten Genuss dieses Gesöffs in Suomi während der Zeit um Weihnachten herum eine Erklärung dafür, dass sich am Heiligen Abend gestandene Männer und Frauen, auch vorgerückten Alters, rote Zipfelmützen mit Glöckchen dran aufsetzen. Damit noch nicht genug, hopsen sie den gesamten Weihnachtsabend mit diesen Bimmelmützen durchs Wohnzimmer. Dazu trällern sie mit verzückter Miene verrückte Lieder, beispielsweise von tonttus, die heimlich, auf Zehenspitzen schleichend, Geschenke verteilen. Im Lied wird das dann beispielsweise durch so geistreiche Worte wie: »Tip-Tap-Tip-Tap-Tippe-Tippe-Tip-Tap« lautmalerisch nachgeahmt. Oder, als Weihnachtslied ebenfalls sehr beliebt, sie singen einen Text des Inhalts, dass wir alle Muttis kleine Schweinchen sind (»Porsaita äidin omme kaikki ...«). Ich sehe schon, ich muss etwas zu den roten Zipfelmützen bzw. ihren Trägern sagen.

Der Joulupukki wird bei seiner Arbeit von den Weihnachtswichteln unterstützt, und diese winzigkleinen Wesen werden von den Finnen »tonttu« genannt, wie ich weiter oben schon kurz erwähnt habe. Wie diese kaum daumengroßen Zwerglein es schaffen, Geschenke von der Größe eines Fahrrads oder auch Skier oder dergleichen zu transportieren, das bleibt dabei finnisches Nationalgeheimnis ... Am korvatunturi, dem Berg, wo, wie Sie inzwischen wissen, der Joulupukki seinen ursprünglichen Wohnsitz hat, leben die tontut in einem abgelegenen Dorf, zusammen mit dem Joulupukki und seiner Frau. Dort stellen sie die vielen Spielsachen her, die sich die Kinder der Welt zu Weihnachten wünschen. Dies zumindest ist eine weitverbreitete Überzeugung in Finnland, nicht nur bei den Kindern. Woher ich das weiß? Mein Freund Matti äußerte diese Meinung zu vorgerückter Stunde – mit einem schnellen, verstohlenen Blick aus seinen von Lachfältchen umgebenen Augen. Zudem befand er sich dabei in einem ähnlichen Zustand wie damals, als er mir sein neues Sommerhausgrundstück präsentierte (siehe Kapitel »Appetithäppchen«). Aber dennoch schien es mir so, als klänge dabei ein gewisses Maß an – sagen wir mal – Ernsthaftigkeit mit. Und je näher ich die Finnen in den folgenden Jahrzehnten kennenlernte, desto wahrscheinlicher erscheint es mir heute, dass sie dem Joulupukki und seinen Helfern auch im wahren Leben einiges zutrauen ...

Das spricht nicht unbedingt für den Realitätssinn unserer lieben nordischen Freunde, werden Sie jetzt wahrscheinlich sagen. Mag sein. Aber es spricht für ihren ernsthaften Humor, der es ihnen eben erlaubt, mit einem Schmunzeln auch an »übersinnliche Wahrheiten« zu glauben. Womöglich schwingt da auch noch ein Rest des über Jahrhunderte in der finnischen Einsamkeit gewachsenen Aberglaubens mit, der die Natur mit vielerlei Fabelwesen belebt hat und in manchen Gegenden noch in unseren Tagen durchaus lebendig ist. Und wer darüber überlegen lächelt, dem sei gesagt: Es ist etwas Anderes, bei Gewitter das Zucken der Blitze und das

Rollen des Donners von der kuscheligen Wohnung einer bevölkerten Großstadt in Deutschland aus zu erleben oder sich dabei in einer isoliert liegenden, kargen Hütte Finnisch-Lapplands zu befinden.

Weihnachten ist für die allermeisten Finnen einer der wichtigsten Höhepunkte im Jahreslauf – neben Juhannus. Und die Sitten und Gebräuche, mit denen sich die Menschen in der Vorweihnachtszeit auf die eigentlichen Festtage einstimmen, sind mannigfaltig. Das beginnt mit »pikkujoulu« (»Klein-Weihnachten«, »pikku« = klein), das in Firmen und Vereinen, aber auch privat meist Anfang Dezember gefeiert wird und vielleicht am ehesten mit unserer Nikolausfeier verglichen werden kann. Dann geht es weiter bis zu oftmals fast schon ritualisierten Abläufen am Fest, die aufzuzählen Seiten füllen würde. Eine ganz zentrale Bedeutung dabei haben aber auf jeden Fall die mehrfach erwähnten tontut, die in vielen Familien die eigentlichen Geschenkbringer sind, denn der Joulupukki ist leider oft verhindert. Und diese rotgekleideten, zipfelmützenbewehrten lustigen Burschen sind ein Sinnbild der Fröhlichkeit, wie eben das ganze Weihnachtsfest in Finnland nicht den Ernst ausstrahlt, der bei uns in der Regel verbreitet ist – siehe die kurz erwähnten lustigen Lieder, die die Finnen mit ihren Kindern gerne singen. Und vor dem Hintergrund dieser fröhlichen, unbeschwerten Auffassung von »joulu« bekommt dann auch der Klamauk im Weihnachtsdorf von Rovaniemi einen anderen Stellenwert.

Das Wichtigste in Kürze

1. einige Vokabeln

napapiiri	Polarkreis
napa	Nabel
piiri	Kreis, Zirkel, Zone
pukki	Bock
joulupukki	Weihnachtsmann
paja	Werkstatt, Schmiede
kylä	Dorf
hassu	lustig
tonttu	Wichtel, speziell Weihnachtswichtel
korva	Ohr
tunturi	Hochfläche, Hochebene
pikkujoulu	»Klein-Weihnachten«
pikku	klein (als Kompositum)
pieni	klein (als Adjektiv)

2. einige Sprachregeln

Wie schon früher beschrieben, werden finnische Substantive durch das Anhängen bestimmter Endungen an den Wortstamm dekliniert. Im vorliegenden Kapitel sehen Sie nun ein Beispiel für die Veränderung der Schreibweise vieler Wörter bei der Deklination. So wird aus »pukki« im Genitiv Singular »pukin«. Ein anderes Beispiel für derartige im Finnischen sehr häufige Veränderungen ist »hirvi«, aus dem im Genitiv Singular »hirven« wird.

»pikku« ist kein Adjektiv, sondern ein Kompositum. Das be-

deutet, es wird in Zusammensetzungen benutzt und nicht de-
kliniert. Das hier erwähnte Beispiel ist »pikkujoulu« = »Klein-
Weihnachten«. Das deutsche Adjektiv »klein« ist im Finni-
schen: »pieni«. Und das wird dann auch dekliniert.
Beispiel: korva = Ohr, kleines Ohr = pieni korva, des kleinen
Ohres (Genitiv Singular) = pienen korvan

3. und einige (nicht ganz ernst gemeinte) Verhaltenstipps

Sollten Sie in den Genuss kommen, an einem finnischen
Familien-Weihnachtsfest teilnehmen zu dürfen, stellen Sie
sich auf gutes, mehrgängiges Essen mit Speisen ein, die
Ihnen bislang weitgehend unbekannt waren. Anschließende
ungezügelte und ekstatische Hüpforgien rotbemützter
Menschen jeden Alters und jeglicher Statur um den Weihnachtsbaum herum, auch mehrfach im Verlauf des Abends,
sollten Sie nicht überraschen. Sie dienen – neben der allgemeinen Belustigung – dem gesteigerten Kalorienverbrauch.
Stülpen Sie sich am besten selbst eine Zipfelmütze über und
beteiligen sich an dem Gehopse. Perfekt ist es, wenn Sie dabei je nach gerade gesungenem Liedtext (lassen Sie sich den
vom Gastgeber erklären) die zu Fäusten geballten Hände mit
ausgestreckten Zeigefingern verzückt im Rhythmus des Lie-
des nach oben und unten bewegen. Oder bei dem weiter
oben erwähnten Lied von den Schweinchen im sich über-
schlagenden Falsett kreischen: »Sinä ja minä!« (zu deutsch:
»Du und ich!«). Dabei sollten Sie von Lachkrämpfen ge-
schüttelt sein.
Es tut mir Leid, ich kann diese Szenen nicht genauer beschreiben, das müssen Sie schon selbst erleben ...
Seien Sie vorsichtig, wenn Ihnen glögi angeboten wird. Das

Zeug schmeckt sehr lecker, ist aber gleichzeitig so »gehalt-voll«, dass Sie spätestens nach dem zweiten Glas »humalassa« sein werden (erinnern Sie sich, was das bedeutet? Jaaa, jetzt noch, das glaube ich! Aber nach einigen Gläsern glögi nicht mehr ...). Immerhin wird Ihr Finnisch durch glögi mit gro-ßer Sicherheit »flüssiger« ...

Ale: englisches Bier oder Schreibfehler?

Beim Bummel durch finnische Innenstädte können Sie viele neue Eindrücke und Erfahrungen sammeln. Eine davon wird sein, dass Ihnen so ungefähr an jedem Schaufenster und jeder Ladentür ein in riesigen Lettern geschriebenes Wort ins Auge springt: »ALE« steht da zu lesen, meist auf grellorangem Hintergrund, und der ungebildete Mitteleuropäer kommt ins Grübeln. Was mag das bedeuten? Am freudigsten überrascht mögen noch die Engländer sein, die in regelrechte Glückstaumel verfallen: Hier scheint's an jeder Straßenecke und in allen Läden ihr geliebtes Ale zu geben. Sogar in denen, die Unterwäsche verkaufen. Auch im Spielwarengeschäft da drüben, und im Sportartikelladen. Oder beim Musikalienhändler und im Handyshop. Wow! Und da hieß es immer, Alkohol gäb's in Finnland nur in speziellen »alko«-Läden. »Must be the paradise!«

Das ist – wie Sie sich denken können – natürlich eine irrige Annahme. Träfe sie allerdings zu, würde sie ein weiteres Phänomen erklären, das Sie in finnischen Städten beobachten können. Dieses besteht in folgender Situation: Sie schlendern gemütlich durch die Straßen, biegen um eine unschuldige Hausecke und – fliegen fast auf die Nase, weil eine finnische Omi (der finnische Ausdruck für diese lebenslustigen Damen ist übrigens »mummo« oder – zärtlicher – »mummi«) in einem Affenzahn auf einem sog. »potkuri« angesaust kommt. Die Dame ist etwa 80 Jahre alt, aber das hindert sie nicht daran, beim Fahren mit diesem Gefährt mal ordentlich Gas zu geben und Mikka Häkkinen (Sie erinnern sich? Der international renommierte Formel-1-Pilot) geschwindigkeitsmäßig völlig in den Schatten zu stellen ...

Es mag Ihnen unwahrscheinlich vorkommen, aber ich habe in langen Jahren, in denen ich Erfahrungen in Finnland sammeln konnte, die Überzeugung gewonnen, dass gerade die Seniorinnen dort oft erstaunlich aktiv und »fit« sind. Natürlich gibt es in Suomi auch »alte« Menschen, ebenso, wie in Deutschland »junge« Alte leben. Ich habe dennoch den Eindruck, dass Finninnen und Finnen in höherem Alter durchschnittlich munterer und leistungsfähiger sind als hier. Die Gründe dafür sind mir allerdings nicht bekannt. Und möglicherweise täusche ich mich ja doch. Allerdings habe ich in Deutschland noch niemals diese rasante Art der Fortbewegung erlebt, wie ich sie soeben beschrieben habe.

Zwei Dinge harren nun der Aufklärung: Was bedeutet »ALE« nun wirklich, und was ist ein »potkuri«? Zum ersten: »ALE« (Überraschung!!!) steht weder für das englische »Ale«, noch hat es was mit dem »Amt für Ländliche Entwicklung Schwaben« oder mit »Antarctic Logistics and Expeditions« zu tun. Auch »Abnormal Load Engineering« mag ja eine spannende Sache sein, interessiert uns aber in diesem Zusammenhang herzlich wenig. Und zuallerletzt ist »ALE« ein Schreibfehler des deutschen Wortes »ALLE«. Nö, »ALE« stellt schlicht und ergreifend die gängige Abkürzung des finnischen Wortes »alennus« dar. Und das heißt im Deutschen nichts anderes als: »Preissenkung«, »Rabatt«. Wir sehen, allerhöchstens, wenn's denn unbedingt um Schreibfehler gehen soll, könnte man noch ein vergessenes »S« konzedieren, vom englischen »SALE«.

Wieso, warum und weshalb die finnischen Einzelhändler diese Rabattaktionen immer und überall ganzjährig durchführen, ist mir bisher schleierhaft geblieben. Und glauben Sie bloß nicht, dass in den mit diesen Plakaten beklebten Geschäften alles reduziert und billig ist! Schauen Sie sich den Preis eines Artikels, der Sie interessiert, genau an! Bedenken Sie dabei, dass der Mehrwertsteuer-Satz in Finnland inzwischen bei 22 Prozent (Lebensmittel: 17 Prozent, in einigen anderen Bereichen, wie z. B. bei Medikamenten oder Transport: 8 Prozent) liegt. Nun, dahin kommen wir in Deutschland mit Sicherheit auch noch – wird nicht mehr lange dauern. Eine besondere Spezialität in Suomi ist, das sei abschließend zum Thema »ALE« noch rasch erwähnt, der »KESÄ-ALE« Auch hierbei gilt: Kein Schreibfehler! Niemand, der dieses Schild in seinem Laden aufhängt, tut das den deutschen Kunden zuliebe. Könnte man ja denken: Schließlich bietet sich hier die Assoziation: »KÄSE ALLE« für jeden deutschen Touristen an, der sich vielleicht gerade auf Lebensmittel-Pirsch befindet. Oh nein, liebe Leserinnen und Leser, erinnern Sie sich bitte: Im Kapitel »Autofahren in Finnland: ganz einfach! Oder?« haben Sie die Bedeutung des finnischen Wörtchens »kesä« erfahren! Na? – Wissen Sie's noch? Wollen Sie selbst nachschauen? Soll ich es verraten? Jawohl, »kesä« ist »Sommer«. Damit lüftet sich das Geheimnis um »KESÄ-ALE«: »Sommerschlussverkauf« oder »Sommerrabatt« wird hier versprochen. Ich merke schon, Sie sitzen auf heißen Kohlen und wollen jetzt umgehend wissen, was ein potkuri ist. Nun denn, ich erkläre es Ihnen, völlig emotionslos: Es ist ein Teufelsding! Ein führerscheinfreies Rennobjekt! Ein lebensgefährliches Mordwerkzeug! Ein Passanten-Rammbock! Ein – ich weiß nicht was noch ... Im Sommer mit Rädern zum ungebremsten Bergab-Rollen, im Winter stattdessen mit Kufen, um mit 200 Sachen die abschüssige Hauptstraße runterzusausen. Obendrauf: Mummo (s. o.). Um das Tempo zu erhöhen, sitzt vorne noch ihre 87jährige Freundin Raili ...

Jetzt werden Sie fragen: Wo und wie kann man darauf sitzen, ist das ein Schlitten, oder was? Ach, meine lieben Leserinnen und Leser: Es nennt sich Schlitten, aber irgendwie trifft's das nicht. Also, stellen Sie sich bitte mal folgendes Gefährt vor: zwei etwa 1,20 Meter lange, parallel stehende, dünne eiserne Kufen, die mit der Schmalseite nach unten gerichtet sind. Vorne sind diese Eisenkufen nach oben gebogen und mit einem Bügel verbunden. Am hinteren Ende gibt es keine Querstrebe, damit die Kufen dort seitwärts beweglich sind. Haben Sie ein Bild vor Augen? Es würde mich wundern ... Nun geht unsere Konstruktion weiter: Auf den beiden Kufen ist ein Holzstuhl befestigt, und zwar weit vorne, wobei die Sitzfläche in Fahrtrichtung zeigt. Wer da sitzt, kann also seine Füße auf den Querbügel stellen und hat den Blick auf die »Rennstrecke« gerichtet. Damit nicht genug, endet die Lehne dieser Sitzgelegenheit oben in einem Griff. Der dient dazu, dass die zwischen den langen Kufen laufende hochbetagte »Pilotin« sich daran festhalten und bis zu einem gewissen Grad das Gefährt auch lenken kann. Sie geht also zwischen den Kufen, steht ggf. mit einem Bein auf einer davon und stößt sich mit dem anderen Bein ab. Oder (überwiegend!) sie hat beide Füße auf den Kufen und donnert den Gehweg hinab. Wie gesagt: im Sommer sind Räder befestigt, im Winter, bei Schnee und Eis, wird geschlittert. Sollte die oben erwähnte Freundin Raili als »Ballastmaterial« mal keine Zeit haben, um sich vorne auf den Stuhl zu setzen und so das Gewicht zu erhöhen, kann man zu diesem Zweck auch anderes benutzen. So eignet sich die Sitzfläche auch hervorragend, um Einkaufstaschen, Getränkekisten, halbe Schweine oder tonnenweise irgendwelche sonstigen Fressalien darauf zu deponieren und im Eiltempo nach Hause zu transportieren.

Ich garantiere, dass Ihnen bei Ihren Entdeckungstouren durch Finnland mehrfach solche »Motorschlitten mit Vitalantrieb« begegnen werden.

Weiter im Text: In meinem Bekanntenkreis in Finnland wurde der neugeborene Strahlemann einer jungen Familie, ein properer poika (poika = Junge, Sohn) nach langen innerfamiliären Diskussionen auf den schönen Namen Otto getauft. – Sie sind wieder mal erstaunt, aus welchem Grund ich das hier im Zusammenhang mit Stadtbummel usw. erwähne? Warten Sie doch mal ab! – Alle lieben und vergöttern den sonnigen Burschen, aber es herrschte doch einigermaßen Verwunderung, warum die Eltern diesen Namen ausgewählt hatten (Der – denken Sie daran – von den Finnen nicht Oto, sondern Ottto ausgesprochen wird!). Ich aber muss sagen: Meinen Segen und meine moralische Unterstützung haben Ottos Mama und Papa. Erst mal finde ich (ehrlich!), das ist ein schöner, alter Namen, und es hat viele berühmte Männer gegeben, die diesen Vornamen trugen, einschließlich mancher Kaiser, Wissenschaftler und Künstler. Aber der Hauptgrund für meine Befürwortung ist: Otto wird seinen Namen in ganz Finnland hunderttausendfach wiederfinden! Und auch Sie werden mit Sicherheit während Ihres Aufenthaltes in Suomi auf so manchen »OTTO« treffen und sehr, sehr dankbar sein, wenn er dann nicht seinen Dienst versagt ...! Des Rätsels Lösung: »OTTO« ist die Bezeichnung der Geldautomaten, die in Finnland wesentlich häufiger zu finden sind als bei uns. Und so bleibt zu hoffen, dass der reiche »OTTO« Sie versteht und akzeptiert, wenn Sie ihn zwecks Bargeld-Unterstützung aufsuchen ...

Die »OTTO«-Geräte sind übrigens in Finnland in vielen Fällen nicht in speziell dafür eingerichteten Bank-Vorräumen installiert, in die man nur mit der ec-Karte kommt, sondern ganz offen in irgendwelchen Mauernischen. Trotzdem werden Sie kaum erleben, dass jemand aus der hinter Ihnen stehenden Warteschlange Ihnen beim Geldabheben so nahe kommt, dass Sie um Ihre Geheimzahl fürchten müssen. Die Finnen haben ein sehr gesundes »feeling« für das Einhalten von Distanz – übrigens nicht nur am Bankautomaten. Manchmal allerdings ist diese Rücksichtnahme schon ganz schön extrem ausgeprägt. Dazu folgende Zeilen:

Es mag vier oder fünf Jahre her sein, als ich mit Seppo, meinem finnischen Kumpel aus Kuopio, auf einem der unvorstellbar großen, weitgehend naturbelassenen Seen Mittelfinnlands unterwegs war. Seppo besitzt ein uraltes Kajütboot aus Holz, das – zu Recht – sein ganzer Stolz ist. Er hatte mich in einem kleinen Ort am Ufer abgeholt, und wir waren auf dem Weg zu seinem Sommerhaus. Die Strecke war mir gut bekannt, waren wir doch schon manches Mal über den See getuckert. Allerdings lag mein letzter Besuch schon etwa drei Jahre zurück. Wir standen im Boot, um über das Kajütdach zu blicken. Wir unterhielten uns nur wenig, da sowohl Seppo als auch ich eher von der schweigsamen Sorte sind, und ich genoss die Fahrt. Da ich, wie gesagt, den Weg gut kannte, wunderte ich mich, als Seppo plötzlich einen Riesenbogen fuhr. Ich hatte erwartet, dass er geraden Wegs auf sein in der Ferne schon sichtbares mökki zuhalten würde. Auf meinen erstaunten Blick hin erklärte er mir, dass »da drüben« ein neues Sommerhausgrundstück entstanden sei, wo schon die Sauna stünde. Zum besseren Verständnis: Von einer Sauna konnte ich nichts erkennen, denn das besagte Ufer war etwa einen Kilometer entfernt.

So sind sie eben, die Finnen: nur dem Anderen nicht zu

dicht auf die Pelle rücken! Im Laufe der Zeit habe ich selbst diese Einstellung schon so verinnerlicht, dass ich jedesmal einen weitgeschwungenen Bogen rudere, wenn ich aus der Bucht, an der unser Sommerhäuschen steht, auf den offenen See komme, nur, weil nahe der Öffnung ein anderes mökki steht. Und meinen Lieblingshut aus Leder habe ich bei einer Fahrt mit dem Motorboot auf eben diesem See auf Nimmerwiedersehen verloren, nachdem er mir bei einem plötzlichen Windstoß vom Kopf ins Wasser geflogen war. Ich konnte nicht anhalten, um ihn herauszufischen, weil etwa 150 m entfernt jemand sich splitterfasernackt auf dem Steg sonnte. Ja, lachen Sie nur: Ich wollte halt nicht, dass das Gerücht entstehen würde, der verrückte Deutsche habe extra seinen Hut ins Wasser geworfen, um in Ruhe nackte Finninnen betrachten zu können ...

Ich kann mir vorstellen, dass Sie bei Ihrem Stadtbummel gerne nach ein paar typischen Mitbringseln Ausschau halten. Schließlich möchte man den Verwandten und Freunden zu Hause eine Kleinigkeit mitbringen. Und auch für die Nachbarin, die Ihre Blumen am Tag vor Ihrer Heimkehr schnell noch mal völlig überwässert, weil sie die ganze Zeit über vergessen hat, sie zu gießen, möchten Sie ein Geschenk besorgen. Das ist gar nicht so einfach, falls Sie nicht gerade eines der kitschigen Souvenirs erstehen wollen, die an den Touristenzentren allüberall ausgestellt sind. Da sind – nebenbei bemerkt – schon außergewöhnliche Sachen dabei: Das wirklich Spektakulärste, was ich selbst in einem Geschäft entdeckt habe, war ein Kunststoff-Wetterhäuschen mit Frau und Mann in Schwarzwaldtracht (kein Witz!). Auf dem Sockel des Schwarzwaldhäuschens stand mit Filzstift per Hand geschrieben: »terveisiä Leppäviralta« (zu Deutsch: »Grüße aus

Leppävirta«). Noch heute, Jahre nach diesem Fund, könnte ich mir die Haare büschelweise vom Kopf zupfen (wenn ich noch welche hätte) bei dem Gedanken, dass ich damals dieses Unikat nicht gekauft habe!

Um Ihnen aber einen wirklich guten Tipp zu geben: Besuchen Sie beispielsweise die in jeder größeren Ortschaft existierenden Geschäfte, die als »käden taitot« oder »käsityökeskus« firmieren. Das sind Läden, in denen Sie wirklich ausgefallenes, wertvolles Kunsthandwerk erhalten: gewebte, geschnitzte und gedrechselte Waren, Keramikartikel etc., die großenteils lokalen Bezug haben und von örtlichen Kunsthandwerkerinnen und Kunsthandwerkern produziert werden. Es gibt dort sowohl kleine, erschwingliche Mitbringsel, aber auch wertvolle, hochpreisige Waren zu erstehen. Doch alles ist hochwertig und eignet sich hervorragend auch als Erinnerungsstück für das eigene Zuhause.

Ein ganz spezielles Vergnügen bei den Entdeckerreisen durch finnische Städte ist ein Besuch in einem der Geschäfte, die auf ihrem häufig selbstgefertigten Firmenschild »kirpputori« oder kurz »kirppis« stehen haben. »Kirpputori« ist die wörtliche Übersetzung des deutschen »Flohmarkt« (kirppu = Floh, »tori« ist Ihnen beim Lesen dieses Buches schon mehrfach untergekommen). Diese Räumlichkeiten sind mit jeweils etwa zwei Meter breiten Regalen ausstaffiert, die sehr sinnreich in Ablage- und Aufhängefächer unterteilt sind. Man kann diese Regale wochenweise mieten und dort so ungefähr alles deponieren und zum Kauf anbieten, was man zu Hause findet und nicht benötigt. Und wenn ich »Alles« schreibe, dann meine ich auch »Alles«: Sie können hier beim Stöbern neben völlig intakter Markenkleidung Kaffeetassen finden, deren Henkel abgebrochen ist. Da liegt ein defekter Wecker aus

Taiwan neben den Resten von Omis Silberbesteck. Dahinter steht die aus einem Stück Birkenholz selbstgebastelte Nachttischlampe, die von einem Paar durchlöcherter Gummistiefel halb verdeckt ist. Auf dem Boden finden Sie in trauriger Auflösung begriffene Schneeschuhe, frohgemut vereint mit dem Bikini Größe 54 und einem leicht zerfetzten Baseball-Handschuh. Ein einäugiger Teddybär hält alte, leere Bierflaschen mit Bügelverschluss in seinen blankgescheuerten Armen. Am nächsten Stand lugt ein Feldtelefon aus dem Ersten Weltkrieg zwischen uralten Frauenzeitschriften hervor, im Fach direkt drüber können Sie selbstgebastelte Angel-Fliegen bewundern. Aus einem zerfledderten Karton fallen fast die rostigen Feilen, Zangen und Schraubendreher raus... Es ist unmöglich, dieses faszinierende Tohuwabohu erschöpfend zu beschreiben. Dabei lieben die Finnen diese Einrichtung! Sämtliche Sozialschichten kaufen und verkaufen dort alles Mögliche und Unmögliche. Und was Kleidung anbetrifft: Die Finninnen und Finnen ziehen das, was sie vom kirpputori mit Stolz nach Hause tragen, auch wirklich an. In manchen Fällen muss man dazu dann allerdings sagen: »Leider ...«

Für ganz eingefleischte Stöberer sei ein weiteres »Highlight« der finnischen Geschäftskultur empfohlen: der »divari«. Diese meiner Erfahrung nach überwiegend von leicht übergewichtigen, vollbärtigen finnischen Urgesteinen in Flanellhemden betriebenen Läden handeln mit gebrauchter Lektüre. Bewusst vermeide ich hier die Bezeichnung: »antiquarisch«. Divari bedeutet: gestapelte, überwiegend unsortierte Zeitschriften jeglicher Couleur. Wochenblätter, Illustrierte, Groschenheftchen, Comics, Fotomagazine, Militaria, Heimwerkerbroschüren, Strick- und Häkelanleitungen, Frauenzeitungen aus den 40er, 50er und 60er Jahren, Computerpublikationen

und, und, und sind in wurmstichigen Holzregalen, in Papp-
kartons, auf dem Boden oder auf alten Campingtischen verteilt und aufgehäuft. In den windschiefen Regalen stehen
reihenweise Taschenbücher und leinengebundene Ausgaben
sämtlicher Schriftstellerinnen und Schriftsteller Finnlands,
gleich, welcher Literaturrichtung oder welcher kulturellen
Epoche sie angehören mögen. Und mit etwas Spürsinn und
Glück finden Sie ganz hinten, in der dunkelsten Ecke, direkt
neben der – natürlich – offen stehenden Klotür, ein Regalfach
mit dem vergilbten Schild: »vieraskielinen«, zu Deutsch: »fremd-
sprachig« (vieras = fremd, -kielinen = -sprachig (in Zusammensetzungen)). Dort, neben überwiegend englischen Paperbacks,
geraten möglicherweise einige deutsche Werke in Ihre Hände.
Nicht unbedingt regelrechte »Schätze«, aber doch interessante,
reizvolle Materialien, oftmals auch aus DDR-Verlagen stam-
mend. Denn Suomi hatte im Sinne der Neutralität stets auch
enge kulturelle Beziehungen mit beiden deutschen Staaten. Es
kann Ihnen allerdings passieren, dass Sie basserstaunt die Stirn
runzeln, wenn Sie nach dem Preis fragen: Ich hatte in derartigen Situationen gar nicht so selten den Eindruck, der
undurchsichtige Divari wolle jetzt mal so richtig »zulangen«.
Saß sowieso schon die ganze Zeit, in der ich mich durch die
Bücherberge wühlte, gelangweilt auf seinem Hocker. Und
tat so, als sei außer ihm und der einsamen Stubenfliege, die
durch die Räume brummte, kein lebendes Wesen vorhanden. Und nun das: Für einen alten, zerfledderten Taschen-
Krimi von Edgar Wallace in deutscher Sprache will er zehn
Euro haben. »Vanha kettu!« (»Alter Fuchs!« vanha = alt (wie
Ihnen bekannt), kettu = Fuchs). Meine höflichen Erkundigungen, warum das Büchlein so teuer sei, verlaufen im San-
de: »Siksi!« ist seine Antwort, zu Deutsch etwa: »Darum!«

Nun, dann findet das Bändchen eben den Weg zurück in sein Regal ...

Die beschriebene Szene gibt Gelegenheit, eine häufige Eigentümlichkeit finnischer Verkäuferinnen, Verkäufer, ja, aller Geschäftsleute zu erwähnen: positiv ausgedrückt könnte man von »Prinzipientreue«, weniger positiv von »Unnachgiebigkeit« und realitätsbezogen von »Sturheit« reden.

Ein erfahrener deutscher Geschäftsmann, mit dem ich befreundet bin, verfügt in der internationalen Im- und Exportbranche über hervorragende Erfahrungen und ist quasi eine Institution. Er verhandelt lässig, locker und entspannt mit Asiaten, Indern und ausländischen Firmen jeglicher Nationalität. Aber: Er zittert sofort am ganzen Körper und wird umgehend von Schweißausbrüchen, Kreislaufproblemen und Nervenzusammenbrüchen gequält, wenn er mit finnischen Firmen verhandeln muss. Benötigt seine sehr tüchtige – finnische – Sekretärin mal dringend Urlaub, weil z. B. ihr gerade aktueller – französischer – Freund mit ihr nach Paris touren will, muss sie per Rufanlage lediglich den Satz durchgeben: »Da ist der Mauno Ristiläinen von der Firma Korpinen am Telefon.« Sie weiß, dass ihr Chef dann postwendend für mindestens drei Tage ausfällt und sie in Ruhe auf Montmartre ihren Kaffee schlürfen kann.

Dieser gestandene Wirtschaftsmanager hat erleben müssen, dass Aufträge über einige zehntausend Euro platzten, weil die Finnen es ablehnten, wenigstens die Hälfte der horrenden Versandkosten für die Lieferungen zu übernehmen. Oder, weil sie bei einem Auftragsvolumen von über 60000 Euro dreihundert Euro für Verpackungsmaterial in Rechnung stellen wollten und von dieser Forderung nicht abgingen. Oder, weil sie sich konsequent weigerten, nach Lieferung von Waren für ebenfalls etwa 30000 Euro, eine berechtigte Reklamation kostenfrei abzuwickeln. Wobei der anfallende Betrag hierfür bei 120 Euro lag ...

So steht also mein schlauköpfiger Divari in einer Phalanx mit den Großen der finnischen Geschäftswelt ... Gut, dass es auch Ausnahmen hiervon gibt und die Finnen selbst über die ihnen durchaus bewussten Marketing-Eigenheiten ihrer Landsleute lächeln oder auch herzhaft lachen können.

Das Wichtigste in Kürze

1. einige Vokabeln

ale	Kurzwort von »alennus«
alennus	Rabatt, Preissenkung
potku	Tritt, Fußtritt, Stoß
potkuri	eigentlich: Propeller, bezeichnet jedoch im Alltag den im Text beschriebenen Schlitten
poika	Junge, Sohn
kirppu	Floh
vieras	fremd
-kielinen	-sprachig
kettu	Fuchs
siksi	darum

2. einige Sprachregeln

In der finnischen Sprache werden alle Wörter mit kleinen An-fangsbuchstaben geschrieben. Ausnahmen: Satzanfänge, Jumala (Gott) und Namen von Personen und geografischen Bezeichnungen wie Städte, Länder usw.

Das »E« in »kesä« wird etwa wie das »Ä« im deutschen »lässig« ausgesprochen. Das »Ä« in »kesä« dagegen wird etwa wie das »Ä« im deutschen »lähmend« prononciert.

Und das ganze »kesä« wird kurz und schnell gesprochen. Die Finnen, denen ich diese Ausspracheempfehlungen vorgelegt habe, haben gemeint, das sei Quatsch. Find' ich überhaupt nicht!

3. und einige (nicht ganz ernstgemeinte) Verhaltenstipps

Sollte Ihnen eine finnische mummo auf ihrem potkuri entgegenkommen, warten Sie NICHT, ob sie Ihnen Platz macht. Sie wird es nicht tun! Räumen Sie lieber das Feld und ziehen sich nach Möglichkeit auf eine nahe stehende Mauer zurück. Dort sind Sie einigermaßen sicher.

Bei finnischen Trödelhändlern oder Divaris stellen Sie sich auf überhöhtes Preisniveau ein, das starrsinnig verteidigt wird. Die Standfestigkeit des Händlers ist sprichwörtlich und äußert sich in der Regel durch Schweigen. Allenfalls kommt einmal das im Text erwähnte »Siksi!« über die Lippen, begleitet von einem angedeuteten Kopfschütteln.

Falls Sie sich mit dem unglaublich verwegenen Gedanken tragen, in eine Geschäftsbeziehung mit Finnen einzutreten, wappnen Sie sich schon im Vorfeld der Kontaktaufnahme mit Geduld und erheblicher Frustrationstoleranz. Es ist gar nicht gesagt, dass das finnische Unternehmen, mit dem Sie koopericren möchten, Sie überhaupt einer Antwort für würdig erachtet.

Ostfinnland: Geschichte und Geschichtchen

Im Südwesten Finnlands und Westen bis hinauf nach Lappland haben wir uns schon etwas umgesehen und dabei viel Wundersames und Wunderbares entdeckt. Der Osten jedoch birgt auch so manche Sehenswürdigkeit und Überraschung. Nehmen wir uns nur mal Porvoo vor, das auf Schwedisch Borgå heißt (das wiederum bedeutet ursprünglich auf Finnisch »linnajoki«. Und »linnajoki« ist in der deutschen Übersetzung »Burgfluss« – linna = Burg, joki = Fluss, wie an anderer Stelle schon erläutert). Den Fluss können wir auch heute noch in träger Ruhe an der wunderschönen kleinen Stadt vorüberziehen sehen, die Burg jedoch existiert schon lange nicht mehr. Dennoch lohnt Porvoo unbedingt einen Besuch. Denn nicht nur die romantischen Lagerhäuser direkt am Flussufer mit ihren intensiv roten Holzbalken sind sehenswert. Vor allem macht es Spaß, die lebendige und doch so intime Altstadt zu durchstreifen. Hier gibt es zahlreiche kleine Geschäfte und Cafés, in denen man (bei allerdings für unsere Begriffe recht gepfefferten Preisen) neue Kräfte sammeln kann, wenn die Füße vom Laufen auf den runden Pflastersteinen schmerzen.

Porvoo ist Bischofssitz, der alte Dom (in seiner jetzigen Form etwa Mitte des 15. Jahrhunderts entstanden) ein in ganz Finnland bekanntes Gebäude. 2006 wurde hier mutwillig ein Brand gelegt, die Schäden waren immens. Die direkten Folgen des Feuers blieben glücklicherweise weitgehend auf das Äußere der Kirche beschränkt, wobei natürlich das Innere durch Löschwasser und Rauch ebenfalls in Mitleidenschaft gezogen wurde. Inzwischen sind jedoch die Restaurierungsarbeiten abgeschlossen, und der Dom ist wieder geöffnet.

In Porvoo kursiert übrigens eine nette kleine Anekdote, die die Schlitzohrigkeit mancher finnischer Machthaber aufzeigt (wobei die Pointe sicherlich auf alle Länder und Völker übertragbar sein dürfte …). Danach soll in früheren Zeiten der Burgherr die Steuer für den schwedischen König eingetrieben haben, in Form von Getreide, Mehl, Fisch usw. Dabei habe er zweierlei Maß benutzt: ein größeres beim Einsammeln der Abgaben, ein kleineres beim Abliefern am königlichen Hof. Die Differenz wanderte in seinen eigenen Säckel. Diese Geschichte klingt recht überzeugend, finden Sie nicht auch? Gar nicht so, als wäre sie vor »unserer« Zeit passiert … Heute können Sie in Porvoo als Erinnerung an diesen »Burgherrentrick« das »Porvoon mitta« (»Maß von Porvoo«, Porvoon = Genetiv von Porvoo, mitta = Maß) erwerben, einen Messbecher aus Metall. Sein Boden ist innen höher als außen, als Symbol des Messens mit zweierlei Maß. Irgendwie erinnert mich diese Behumserei an unsere allwöchentlichen Einkäufe: Da stehen die voluminösen Waschmittelpackungen und die Müslipakete in den Regalen, bei denen man den Eindruck hat, sie passen kaum in den Kofferraum des Autos, weil sie so überdimensioniert sind. Und daheim, beim nächsten Waschgang bzw. dem Frühstück am folgenden Tag, stellt sich heraus, wie viel »heiße« Luft man da eingekauft hat.

Im Zusammenhang mit diesem »Porvoon mitta« muss ich noch etwas erzählen, das ein amüsantes Licht auf weitere Spezialkonstruktionen der Finnen wirft, was das Messen von Warenmengen anbelangt. In den vergangenen Jahren und Jahrzehnten war es auf sämtlichen finnischen Märkten ein gängiges Bild, dass die Bauern und Gemüsehändler Kartoffeln nicht nach Gewicht verkauften, sondern aufgehäuft in einem aus Holz gefertigten Maß namens »kappa«. Das Ungewöhnliche am »kappa«: Dieses Behältnis ist viereckig (!), stellt also eine Art würfelförmigen Kasten dar, in dem runde (!) Kartoffeln verkauft wurden. Warum die Finnen Kartoffeln nicht nach Gewicht anboten, zumal sie schon seit ewigen Zeiten ihre Fische traditionell auf Einhand-Balkenwaagen abwogen, darüber darf man nur spekulieren ... Aber schließlich ist es in Finnland auch üblich, Erdbeeren nach Litern zu kaufen. Das heißt, Kaarina oder Liisa erstehen beim Bummel über den Markt beispielsweise »kaksi litraa mansikoita« (»zwei Liter Erdbeeren«, kaksi = zwei, litra = Liter, mansikka = Erdbeere). Leider hat die EU in ihrem Standardisierungswahn, der so manch Althergebrachtes zerstört und unsere Lebensumgebung zunehmend nivelliert, jetzt die Verwendung des »kappa« untersagt. Und so wird diese Maß-Spezialität wohl in den kommenden Jahren allmählich aus dem Bild der finnischen Märkte verschwinden.

Beim Schlendern durch die Altstadt von Porvoo oder Borgå (hier sprechen immerhin ein Drittel der etwa 48.000 Einwohner der Stadt Schwedisch als erste Sprache) können Sie entdecken, wie die Finnen sich seit altersher sehr diskret stets auf dem Laufenden gehalten haben. Trotz der ausgeprägten Rücksichtnahme unter Beachtung der Privatsphäre, wie an anderer Stelle in diesem Buch beschrieben. Schließlich musste man doch wissen, was aktuell passierte. Also entwickelte ein finnisches Cleverle in Porvoo einen speziellen Spiegel, den »juorupeili« (zu Deutsch: »Klatschspiegel«, juoru = Klatsch, Tratsch, peili = Spiegel). Das ist eine Konstruktion, die an der Fensterbank befestigt wird und auf einer Halterung einen leicht gewölbten Spiegel trägt. So kann der niemals neugierige Finne oder die noch »niemalser« neugierige Finnin dezent und unbemerkt vom Inneren des Zimmers aus verfolgen, welche unerhörten Geschehnisse auf der Straße vor sich gehen. Und wieder muss ich fragen: Machen wir es denn heute anders? Jeder mögliche und unmögliche Ort wird uns doch live per Internet und Web-Cam ins Haus getragen! Da ist mir ein solcher »Spiegel-Spion« fast noch lieber.

In Porvoo und Umgebung gibt es noch viel zu sehen. Auch finnische Kultur hat hier eine ihrer Wurzeln: Johan Ludwig Runeberg, finnischer Nationaldichter, lebte hier und ist in Porvoo begraben. Sein Wohnhaus ist als Museum zu besichtigen. Ein besonderes Schmankerl bietet die Stadt interessierten Technikfans: Es verkehrt eine der wenigen skandinavischen Museumseisenbahnen mehrfach im Sommer mit einem Dampfzug zwischen Porvoo und dem Ort Kerava. Und für die zahlreichen Anhänger von »Lordi« sei kurz erwähnt, dass Awa (mit bürgerlichem Namen Leena Peisa), die Keyboard-Spielerin von Lordi, aus Porvoo stammt. Lordi selbst (sein ziviler Name: Tomi Putaansuu, 1974 geboren) kommt übrigens aus einem wesentlich nördlicher gelegenen Ort, nämlich Rovaniemi.

Jetzt aber geht's weiter Richtung Kouvola, durch fruchtbare Landstriche, die von lichten Wäldern durchbrochen sind. Kurz vor Kouvola erreichen wir eine Ortschaft, die bis vor wenigen Jahren selbstständig war, aber im Zuge der seit geraumer Zeit in Finnland herrschenden allgemeinen Zentralisierungswut Kouvola zugeschlagen wurde. Ihr Name ist Elimäki, und diese Gemeinde ist insofern etwas Ungewöhnliches, als hier eine adelige Familie namens Wrede im 17. Jahrhundert das Sagen gehabt hat. Der Ahnherr dieses deutsch-schwedischen Geschlechtes, Henrik Wrede, hat, so wird berichtet, in einer schweren Schlacht nahe Riga dem damaligen schwedischen König Karl IX. das Leben gerettet, ist dabei jedoch selbst umgekommen. Aus Dankbarkeit soll Karl IX. der Witwe die Ländereien von Elimäki und des benachbarten Anjalankoski geschenkt haben. Die Familie ließ in Anjalankoski ihr Herrenhaus errichten, das allerdings Ende des 18. Jahrhunderts abbrannte und anschließend im klassizistischen Stil wieder aufgebaut wurde. In Elimäki entstanden nach Plänen des deutschen Architekten Carl Ludwig Engel Gutshof und Herrenhaus Mustila. Zwischen der adligen Familie Wrede und den Bauern von Elimäki und Anjalankoski gab es immer wieder massive Streitigkeiten und Auseinandersetzungen, weil die finnischen Bauern niemals Leibeigene waren und es kaum privilegierte Adelige gab.

Alledem zum Trotz kann man heutzutage sowohl den eigentlichen Sitz der Wredes, »Anjalan kartano« (kartano = Gutshof, Rittergut) in Anjalankoski, als auch den Herrenhof »Mustila« in Elimäki besichtigen. Letzterer liegt direkt an der Staatsstraße 6 und bildet mit dem angrenzenden »Arboretum« eine wunderbare Einheit. Hier sollten wir mal eine Pause einlegen. Im urigen Café am Eingang zum Arboretum oder beim näher an der Straße zu findenden »piika ja renki« können wir eine Tasse Kaffee trinken und ein leckeres pulla mit Kardamom verspeisen. »Piika ja renki« ist ein urgemütliches Café mit angegliedertem Verkauf von finnischem Kunstgewerbe in einem ehemaligen Getreidespeicher. Und es ist ein ausgezeichnetes Beispiel dafür, wie geschickt und geschmackvoll sich derartige Räumlichkeiten zu einem sehenswerten Kleinod herrichten lassen. Der Name bedeutet übrigens: »Magd und Knecht« (piika = Magd, renki = Knecht). Der Tag ist noch recht jung, und in den finnischen Sommermonaten bleibt es sowieso lange hell: Grund genug für uns, nach kurzer Stärkung bei »Magd und Knecht« weiterzufahren, über Kouvola, durch endlose Waldungen und entlang weit geschwungener Seeufer nach Ristiina. Im Gebiet dieser kleinen Gemeinde, die bis Anfang des 20. Jahrhunderts den schwedischen Namen Kristina trug, der dann zu »Ristiina« »eingefinnischt« wurde, finden sich die wertvollsten und ausgedehntesten Felsmalereien Skandinaviens: Etwa 21 Kilometer vom Zentrum Ristiinas entfernt, auf einem drei Kilometer langen Fußpfad oder auch per Boot zu erreichen. Hier haben vor 5000 bis 6000 Jahren Menschen Elche, Boote und andere Motive aufgemalt. Es handelt sich um ein einmaliges Kulturerbe, das auch von der Unesco in die entsprechende Liste aufgenommen wurde.

Überhaupt ist in diesem Gebiet um die Stadt Mikkeli (schwedisch: St. Michel) im Laufe der Jahrhunderte viel passiert: Nicht nur war Mikkeli beim Streit zwischen Schweden und Russland um die Vorherrschaft im Baltikum in gewisser Weise Nutznießer der schwedischen Niederlage im sog. »Krieg der Hüte« (1741 bis 1743). Da Schweden unter anderem Lappeenranta abtreten musste, gewann Mikkeli dadurch erheblich an Bedeutung für Mittelfinnland. Auch in neueren Zeiten spielte die Stadt bei kriegerischen Auseinandersetzungen eine Rolle: Marschall Mannerheim hatte hier 1939 bis 1940 im sog. Winterkrieg und 1941 bis 1944 im sog. Fortsetzungskrieg sein Hauptquartier. Der erwähnte »Krieg der Hüte« war übrigens trotz seines eher »harmlosen« Namens eine grausame Folge des politischen Ränkespiels europäischer Herrscherinnen und Herrscher, die hier in ihrer Machtgier Menschen reihenweise opferten. Die Partei der Hüte nämlich, die 1738 im schwedischen Parlament als Gegner der Partei der Mützen an die Macht gekommen war, wollte die an Russland im Großen Nordischen Krieg (1700 bis 1721) verlorenen Gebiete zurückgewinnen. Mit ihrer Mehrheit erklärte Schweden Russland 1741 den Krieg, in Absprache mit Frankreich. So starben erneut viele Menschen sinnlos für die Herrschaftsansprüche anderer.

Mikkeli hat heutigentags etwa 48.000 Einwohner und ist seit 1997 Hauptstadt der Provinz Ostfinnland. »Böse« finnische Zungen behaupten, dass die Erhebung Mikkelis zur Hauptstadt dieses Staatsgebietes viel damit zu tun hat, dass ein damals maßgeblicher Politiker »Mikkelianer« war. Denn die Stadt ist hinsichtlich der Einwohnerzahl durchaus nicht die größte Gemeinde Ostfinnlands und liegt auch nicht zentral inmitten der betreffenden Region.

Unabhängig davon ist Mikkeli ein sehenswertes Ziel. Der neugotische Backsteindom, erbaut Ende des 19. Jahrhunderts, lohnt einen Besuch, ebenso die steinerne Sakristei in der Porrassalmenkatu 32, das älteste Kirchengebäude Savos aus der Zeit um 1520. Sie enthält jetzt ein Kirchenmuseum. Und selbstverständlich gibt es den Salonwagen von Marschall Mannerheim zu besichtigen. Ihn findet man – wo auch sonst – auf dem Gelände des Bahnhofs (finnisch: rautatieasema). Allerdings, wie die Finnen so sind: Das Innere des Wagens kann man ausschließlich an einem einzigen Tag des Jahres bestaunen. Jeweils am 4. Juni, dem Geburtstag des berühmten Militärs, wird der Wagen geöffnet, an den anderen 364 Tagen des Jahres ist er lediglich von außen anzusehen. Das Arbeitszimmer des Marschalls, dessen Namen in Finnland jedes Männlein und Weiblein kennen muss, lässt sich im sog. Hauptquartiermuseum (päämaja-museo) besuchen.

Mikkeli (wie auch Ristiina) hat Anschluß an das Saimaa-Seengebiet, an dessen Ufern auch Savonlinna, Lappeenranta,

Imatra, Joensuu, Kuopio und zahlreiche weitere wunderschöne Ortschaften unterschiedlichster Größe liegen. Dieses ausgedehnte Seengebiet stellt für die meisten Finnlandkenner das grünblaue Herz des Landes dar.

Zu einem »richtigen« Finnland-Urlaub gehört nach ihrer einhelligen Überzeugung ein längerer Aufenthalt in einem der Sommerhäuser am See, mit Sauna und Ruderboot. Und mit Sicherheit haben sie Recht: Auch ich kann nur empfehlen, sich dieses Erlebnis der unmittelbaren Natur nicht entgehen zu lassen.

Das Wichtigste in Kürze

1. einige Vokabeln

mitta	Maß
kappa	altes Hohlmaß, aus Holz gefertigt, fasst fünf Liter
kaksi	zwei
litra	Liter
mansikka	Erdbeere
juoru	Klatsch, Tratsch
peili	Spiegel (»pe-ili« gesprochen!)
kartano	Gutshof, Rittergut
piika	Magd
renki	Knecht
rautatieasema	Bahnhof

2. einige Sprachregeln

In den bisherigen Kapiteln habe ich Ihnen schon zahlreiche finnische Wörter vorgestellt, überwiegend Substantive. Jetzt möchte ich Sie mit »olla« = »sein« bekannt machen, einem wichtigen Verb. Schließlich sollten Sie den Finnen mitteilen können, wenn Sie beispielsweise müde sind.

Nun denn:	olla = sein
minä olen	ich bin
	(siehe Kapitel »Immer nur Arbeit:
	Sauna, Schwimmen, Rudern«)
sinä olet	du bist
hän on	er, sie ist
se on	es ist
me olemme	wir sind
te olette	ihr seid oder Sie sind
he ovat	sie sind (bei Personen)
ne ovat	sie sind (bei Sachen)

»Müde« (Sie erinnern sich?) heißt auf Finnisch »väsynyt«. »Ich bin müde.« ist demnach auf Finnisch: »Minä olen väsynyt.« »Du bist müde.« = »Sinä olet väsynyt.«
»klein« (s. Kapitel »Lappen, Samen und Finnen: Wie bitte?«) heißt auf Finnisch »pieni«. Also: »Es ist klein.« = »Se on pieni.«
Aber wie bei jeder Sprache gibt es auch im Finnischen feststehende Ausdrücke. So sagt zum Beispiel ein Finne, wenn er hungrig ist: »Minulla on nälkä!« »Minulla« = »auf mich«, »on« = »ist«, »nälkä« = »Hunger«. Das bedeutet in wörtlicher, holperiger Übersetzung: »Auf mich ist Hunger«. Richtig heißt dieser Satz natürlich: »Ich habe Hunger!«

Auch im Deutschen drücken wir z. B. ein etwaiges Frieren ja ähnlich aus: »Mir ist kalt!«. So sagt auch der Finne: »Minulla on kylmä!« (»kylmä« = »kalt«; auch das haben Sie schon gelernt).

In diesem Zusammenhang darf ich mal wieder in Erinnerung rufen, dass ich mir selbst darüber im Klaren bin, dass meine »sprachwissenschaftlichen Erklärungen« sehr zu wünschen übrig lassen. Aber, es sei nochmals betont, es geht mir nicht um das Verfassen eines Finnisch-Lehrbuches, sondern um das Heranführen an diese interessante Sprache. Seien Sie also ggf. nicht zu streng mit meinen Darlegungen, sondern nehmen Sie sie mit Humor.

3. und einige (nicht ganz ernst gemeinte) Verhaltenstipps

Sollte Ihnen das große Glück und die hohe Ehre zuteil werden, von Finnen zum Kaffee eingeladen zu werden, könnte Ihnen etwa Folgendes passieren, falls Sie – wie ich – ein langsamer Kaffeetrinker sind:

Sie sitzen entspannt am Kaffeetisch. Haben sich wahrscheinlich schon etwas gewundert, weil die Finnen traditionell »verkehrt herum« decken, nämlich die Kaffeetasse links vom Teller. Haben auch schon im Stillen die Minigröße der Tassen und der Kuchenteller registriert. Haben vergeblich nach einer Kuchengabel Ausschau gehalten und dabei lediglich den Kaffeelöffel entdeckt. Haben sogar schon bemerkt, dass die Erdbeer-Sahnetorte eine *wirkliche* Sahnetorte ist, mit einem Sahneanteil von etwa 80 Prozent. Haben insgeheim, aber leider erfolglos, danach gesucht, wie groß die einzelnen Tortenstücke wohl sind: Der Kuchen ist nicht angeschnitten. Und haben dann mitbekommen, dass sich jeder sein Tortenstück mittels Tortenheber selbst in der gewünschten Größe absäbelt. So, und nun sitzen Sie stillvergnügt und genießen Ihre Portion Sahne mit Erdbeeren, genannt Erdbeertorte und vergessen, Ihren Kaffee zu trinken. So sind wir halt, Sie und ich.

Nach einiger Zeit fällt Ihnen auf, dass die anderen Gäste am Kaffeetisch zunehmend unruhig werden, sie rutschen auf ihren Stühlen hin und her, ihre Blicke schweifen immer öfter zu Ihnen, die Gespräche geraten mehr und mehr ins Stocken, die Stirnen der Anwesenden legen sich in Unmutsfalten. Was ist da los? Ihr Stück Kuchen ist doch nicht das größte ... Sie schmatzen nicht mehr und nicht weniger als die Anderen... Klebt möglicherweise ein Stück Erdbeere hinter dem rechten Ohr? Oder hinter dem linken? – Nichts von alledem, liebe Leserin, lieber Leser: Sie haben lediglich Ihre Kaffeetasse noch nicht ausgetrunken, und ihre Tischnachbarn bemerken mit Panik, dass Sie offenbar auch nicht daran denken, dies zu tun. Na und, ist das ein Problem? Oh ja, meine Liebe bzw. mein Lieber, das ist es: Kein Mensch am Kaffeetisch erhält auch nur ein Tröpflein Kaffee nachgegossen, sofern nicht alle Tassen leer sind!

Merke: Eine echte Finnin, ein echter Finne hat seine Kaffeetasse nach spätestens zwei Minuten geleert.

Übrigens: In den meisten finnischen baaris, kahvilas usw. erhalten Sie kostenlos oder gegen einen kleinen Betrag weiteren Kaffee, wenn Ihre Tasse ausgetrunken ist! Fragen Sie ggf. danach. Vielfach kommt die Bedienung allerdings auch von sich aus mit der Kaffeekanne zu Ihnen.

Urheilu ist Sport. Oder etwa nicht?

Nachdem der letzte Text sich mehr oder weniger mit Sehenswertem in Ostfinnland befasste, scheint es mir an der Zeit, mal wieder etwas über spezifisch finnische Lebensart und »Daseinsformen« zu erzählen, meinen Sie nicht auch? Denn selbstverständlich gibt es neben den schon teilweise vorgestellten »Kuriositäten« – wie dem im vorhergehenden Kapitel erwähnten Platzieren der Kaffeetasse links vom Kuchenteller oder dem All-Überall-Tragen von Gummistiefeln, dem verzückten Genuss einer leckeren Delikatesse wie mämmi oder dem durchaus ernst gemeinten Vorschlag, die Lebensqualität der Heerscharen von Schnaken in finnischen Wiesen, Sümpfen und Waldungen durch spezielle »Wohnkonstruktionen« zu verbessern – durchaus noch weitere berichtenswerte Dinge. Schließlich haben die Finninnen und Finnen ihre eigene Auffassung von dem, was zu ihrem nationalen Wohlbefinden erforderlich ist ...

Nehmen wir uns daher jetzt einmal eines der zentralen kultur-, gesellschafts-, innen- und medienpolitischen Themen in Finnland vor. Ein Gebiet, um das Sie nicht herumkommen werden, sofern Sie mit einem finnischen Eingeborenen mehr als nur die Worte »hyvää päivää!« (Deutsch: »Guten Tag!«, hyvä = gut, päivä = Tag) wechseln. Und selbst in diesem Fall laufen Sie ggf. Gefahr, als provozierender Fremdling eingestuft zu werden: Denn möglicherweise hat gerade heute die finnische Eishockeymannschaft gegen die Schweden verloren ... Und dann einen »guten« Tag zu wünschen, grenzt schon an eine Kriegserklärung! Zumindest löst es bei Ihrem Gegenüber die Überlegung aus, ob er Sie sofort oder erst später massakrieren soll.

Urheilu (Deutsch: Sport) ist das Gebiet, mit dem sich in Finnland Jung und Alt ausgiebig beschäftigen – was heißt hier »ausgiebig« – vom frühen Morgen bis spät in die Nacht, von Montag bis Sonntag, von Januar bis Dezember, »von der Wiege bis zur Bahre«. Ich kenne Finninnen, weit über achtzig Jahre alt, die vor dem Fernseher mitfiebern, wenn irgendwo beispielsweise ein internationales Skispringen stattfindet. Oder ein Formel 1-Rennen. Oder Langlauf. Oder Diskuswerfen. Oder eine Rallye (finnisch: ralli). Oder Speerwerfen. Oder Leichtatlethik. Oder ... Diese »fernsehsportlichen« Damen weigern sich standhaft, irgendwelche Telefonanrufe anzunehmen, solange eine sie interessierende Sportsendung im finnischen TV läuft – was eigentlich ständig der Fall ist. Und adäquat dazu kenne ich Kleinkinder, deren Eltern sie im zarten Alter von drei Monaten mit zum Eishockey nehmen, damit sie die Feinheiten dieses finnischen, identitätsstiftenden Nationalsports sozusagen mit der Muttermilch aufsaugen. Und rechtzeitig mitbekommen, wie man den Gegner so richtig in die Bande rempelt. Kein Witz!

Tatsächlich stellen die Finnen auf etlichen Gebieten des internationalen Sportgeschehens namhafte Athleten. Unvergessen ist bei allen Laufsportlern nicht nur Paavo Nurmi, der bei Olympischen Spielen neun Gold- und drei Silbermedaillen gewann. Auch ein anderer finnischer Läufer ist weltberühmt: Lasse Virén, der – neben anderen olympischen Erfolgen – 1972 den 10.000-Meter-Lauf bei der Münchner Olympiade in Weltrekordzeit gewann, und das, obwohl er beim Lauf gestürzt war. Daneben sind und waren finnische Sportler in vielen anderen Disziplinen sehr erfolgreich, so beim Ski-Langlauf, Skispringen, beim Motorsport und natürlich beim Eishockey.

Sportliche Erfolge haben einen hohen Stellenwert in der finnischen Gesellschaft, und es war eine echte nationale Katastrophe, als es im Jahr 2001 in Lahti zum Doping-Skandal der finnischen Ski-Langläufer kam. Denn nach allgemeingültiger Auffassung (und Überzeugung) sind finnische Sportlerinnen und Sportler stets »reinen Herzens« und über jeden Dopingverdacht erhaben.

Ich erinnere meinen Freund Matti, der damals Gefahr lief, an dieser Nachricht zu verzweifeln und in tiefste Depressionen verfiel. Was ihn daran hinderte, Selbstmord zu begehen, war die Tatsache, dass nach finnischem Recht Doping keine Straftat ist. Zudem hielt ihn Päivi, seine clevere Ehefrau, mit der – von ihr erfundenen – Nachricht am Leben, dass der Mannschaftsarzt der finnischen Langläufer Schwede gewesen sei. Die aus dieser Information bei Matti entstandene Wut auf dieses »verdammte, elendige, schwachsinnige schwedische Totalversager-Arschloch« (sorry, aber das waren Mattis Worte!), das seine Tasche mit dem »Zeug« stehen lässt, damit das finnische Team entdeckt wird, überbrückte die ersten drei Tage nach dem Skandal. Dann begann Matti langsam wieder zu essen und reduzierte parallel dazu seinen Alkoholverbrauch, den er zur Betäubung des seelischen Schmerzes benötigt hatte. Und nach etwa drei weiteren Wochen war er dann wieder in der Lage, wenigstens halbtags seiner Arbeit nachzugehen. Wobei er kein Ausnahmefall war: Die Zahl der Krankschreibungen in Finnland, wird erzählt, schnellte nach der Entdeckung der Dopingfälle drastisch in die Höhe.

Päivi hat ihren geliebten Ehemann zwar bald über ihre Notlüge aufgeklärt, aber Matti hat dennoch den Schweden diesen aus der Phantasie seiner Frau stammenden Arzt bis heute nicht verziehen. Schon aus Prinzip nicht! Als wir einmal zu

Zweit in der Sauna saßen, meinte er, dass er niemals zu einem schwedischen Arzt gehen würde, selbst wenn er sich beim Holzmachen alle beide Beine abgesägt hätte. Und als ich darauf meinte, in diesem Fall würde ihm wohl das Gehen sowieso schwer fallen, war seine Antwort: »Kein Wunder bei diesen verdammten schwedischen Ärzten!« Woraus Sie den Grad seiner Verbitterung deutlich erkennen können.

Nun mal im Ernst: In Finnland wird wirklich in großem Umfang Sport getrieben, auch im Sinne des sog. Breitensports. Dabei fällt auf, dass häufig extreme Leistungserwartungen bestehen. Die erscheinen manches Mal fast wie eine Art von Besessenheit, unbedingt Bestleistungen erreichen zu wollen und zu müssen. Viele Ausländer, die in Finnland leben und mit denen ich gesprochen habe, meinen übereinstimmend, in Suomi fehle eine gewisse Lockerheit beim Sport. Das in diesem Buch schon an anderer Stelle erwähnte »sisu«, leider nur im Sinne von absolutem Siegeswillen und Verbissenheit, sei oft fast bis zur Selbstkasteiung zu spüren. Man muss dazu natürlich berücksichtigen, dass für diese kleine und noch junge Nation sportliche Erfolge eine große Bedeutung für die positive Selbstwahrnehmung und für das Zusammengehörigkeitsgefühl der Menschen haben.

Nun wäre ein Kapitel über Sport in Suomi unvollständig, würde ich nicht die »Volkssportarten« erwähnen, die die Finnen entwickelt haben oder die jedenfalls bei ihnen eine nicht unerhebliche Rolle spielen, sozusagen als »Spaßfaktor«. Sie scheinen so recht dem örtlichen Bedürfnis nach Absonderlichkeit und Exklusivität zu entsprechen sowie ins Raritätenkabinett finnisch-humoristischen Sportgeistes zu gehören. Daher, liebe Leserin und lieber Leser, aufgemerkt!

An erster Stelle dieser sportlichen Veranstaltungen, die der unbedarfte Nicht-Finne mit einem ungläubigen Staunen erleben kann, steht der »Gummistiefel-Weitwurf« (auf Finnisch: »saappaan-heitto«, »saapas« = »Stiefel«, »heitto« = »Wurf«, »saappaan« ist der Genetiv Singular von »saapas«). War das im Land der Gummistiefelinge anders zu erwarten? Für diese Sportart gibt es in Finnland sogar eine eigenständige Vereinigung mit dem für ausländische Ohren so eingängigen Namen »Suomen Saappaan-heittoliitto ry.« (zu Deutsch etwa: »Gummistiefelweitwurf-Bund von Finnland e. V.), die von einem mehrköpfigen Vorstand geleitet wird. Inzwischen ist diese Sportart auch in anderen Ländern angekommen, so auch in Deutschland. Es gibt nationale und internationale Wettkämpfe mit nationalen Titeln und sogar Weltmeistertitel. Und – wie könnte es anders sein – ein umfangreiches Regelheft mit genauen Angaben über das vorgeschriebene Gewicht der verwendeten Gummistiefel, die Art der durchzuführenden Messungen, das Punktesystem, die Beschaffenheit des Spielfeldes und anderes mehr ... Die einschlägigen Wettbewerbe erfreuen sich immenser Beliebtheit, und die Gummistiefellobby sponsort sie mit erklecklichen Summen. In diesem Zusammenhang muss ich – nur als Randbemerkung – mich ganz flink mal erkundigen, ob Ihnen bekannt ist, dass der millionenschwere Handy-Konzern Nokia sein wirtschaftliches Fundament auf Autoreifen und Gummistiefeln aufbaute!? Dieser Riese der IT-Branche hat es durch eine kluge, vorausschauende Geschäftspolitik verstanden, zu einem Marktführer im Bereich der modernen Elektronik-Technologie zu werden.

Doch zurück zu den speziellen Sportivitäten unserer finnischen Freunde. Und keine Angst: Die finnische Kreativität, was außergewöhnliche Sportarten angeht, erschöpft sich noch lange nicht mit der Idee, seine Fußbekleidung durch die Gegend zu pfeffern und dafür sogar einen Weltmeistertitel zu vergeben! Mindestens ebenso spektakulär ist das beliebte »suojalkapallo« (Auf Deutsch wörtlich: »Sumpffußball«, »suo« = »Sumpf«, »jalka« = »Fuß«, »pallo« = »Ball«), das – nicht nur die Finnen spinnen – auch in zahlreichen anderen Ländern Anhänger gefunden hat. Bei uns in Deutschland heißt es offiziell »Schlammfußball«, in englischsprachigen Ländern wird es »swamp soccer« genannt. Bei diesem Sport, bei dem es Frauen- und Männerteams mit jeweils sechs Spielerinnen bzw. Spielern gibt, wird Fußball gespielt. Allerdings nicht auf kurz geschorenem Rollrasen, sondern (wie Sie sich auf Grund der obigen Bezeichnung sicherlich schon gedacht haben), im kniehohen, feuchten Modder und Schmodder von Sümpfen. Dabei drohen die Teilnehmerinnen und Teilnehmer augenblicklich zu versinken, falls es ihnen einfallen sollte, länger als zwei Sekunden auf einer Stelle »stehen« zu bleiben.

Das Spiel wurde wohl etwa in den 90er Jahren von einem Finnen »etabliert«, ist unglaublich anstrengend – und unglaublich beliebt, nicht nur im hohen Norden.

Sie meinen, damit sei das Angebot an humorigen finnischen Sportentwicklungen vollständig? Aber nein, die Finnen haben da schon noch einiges in petto. Das interessiert Sie? Ich glaube gar, Sie sind schon eine »halbe« Finnin oder ein »halber« Finne geworden ... Also gut, ich erzähle mal vom »akankanto«, dem »Weibertragen« oder, vornehmer ausgedrückt, »Frauentragen« (»akka« = »Frau, Weib«, »kanto« = »Tragen«, in zweiter Bedeutung auch »Baumstumpf«). Es findet alljährlich in Sonkajärvi in Nord-Savo statt und zieht Teilnehmer aus aller Herren Länder an. Über etwas mehr als 250

Meter Parcour inkl. Wassergraben und Hürden müssen die Männer ihre Partnerin in möglichst kurzer Zeit tragen. Mindestgewicht der Damen: 49 Kilogramm, nach oben sind keine Grenzen gesetzt... Und natürlich gibt es auch hierbei ein genaues Regelwerk, das z. B. für jedes Absetzen der Partnerin einen Zeitzuschlag von 15 Sekunden vorsieht. Das Spektakel wird seit 1995 veranstaltet und hat seine Wurzeln angeblich im späten 18. Jahrhundert, als in der Gegend von Sonkajärvi ein rosvo (zu Deutsch: Räuber) namens Ronkainen sein Unwesen getrieben haben soll. Er klaute alles, was nicht niet- und nagelfest war und nahm in seine Räuberbande nur Männer auf, die ihr Durchhaltevermögen auf einer schwierigen »Teststrecke« bewiesen hatten. Ob damals allerdings auch »Weiber« geraubt und quer durch die Wildnis geschleppt werden mussten, entzieht sich meiner Kenntnis. Matti meinte, als wir uns darüber unterhielten, ihm sei eher vorstellbar, dass das die potentiellen Bandenmitglieder abgeschreckt hätte. Immerhin ist die Anekdote ganz hübsch und lässt das »akankanto« in einem romantischen Licht erscheinen. Weniger romantisch, aber offenbar auch erfolgreich, was die Teilnehmerzahlen anbetrifft, ist das »kännykänheiton« (»Handyweitwerfen«, »kännykä« = »Mobiltelefon« oder »Handy«, wie Ihnen schon bekannt). Es wird in jedem Jahr nahe Savonlinna durchgeführt. Über die Entstehung dieses Wettwerfens in Finnland weiß ich leider nichts zu berichten. Amüsant ist allerdings, dass meiner Kenntnis nach in Bezug auf diese Sportart verschiedentlich von Witzbolden in den Medien Falschmeldungen lanciert wurden, dass das Olympische Komitee beabsichtige, Handywerfen zur olympischen Disziplin zu machen. Diese Nachricht wurde dann innerhalb kürzester Zeit von mehreren Agenturen ungeprüft weiter-

verbreitet, und es gab zahlreiche Proteste etablierter Sport-
verbände. Es scheint wirklich keine Nachricht so absurd zu
sein, dass sie nicht ihre Leser fände ...

Mit finnischem Sportfanatismus kann man übrigens nicht
nur im Sommer, sondern auch im Winter durchaus kon-
frontiert werden: Es war ein bitter kalter Wintermorgen, als
mein sportliebender Freund Matti mich aus den warmen,
kuscheligen Federbetten warf, in die ich mich vergraben
hatte. Ich war damals bei ihm und Päivi zu Besuch, und bis
zu diesem Zeitpunkt war Matti für seine Verhältnisse sehr
rücksichtsvoll mit mir umgegangen. Über meine schwächli-
che Ausländer-Konstitution hatte er großzügig hinweggese-
hen. Doch jetzt schien ihn der Teufel geritten zu haben.
Trotz meiner energischen Proteste und der von mir deutlich ge-
äußerten Feststellung, dass nur Finnen so verrückt sein könnten, bei minus zwanzig Grad aufs Eis zu gehen: Er blieb un-
erbittlich. Also stieg ich stöhnend in diverse dick gefütterte
Overalls und zog meine lappikkaat (Lederstiefel, die in Lappland angefertigt werden und eine spezielle Form haben) an,
woraufhin eine still vor sich hin grinsende Päivi uns im Mor-
genmantel Kaffee kredenzte. Hinterhältiger Weise gab sie dabei beiläufig bekannt, sie werde sich wieder ins warme Bett
legen, sobald wir das Haus verlassen hätten. Ich blickte Matti bei dieser Mitteilung flehentlich an, doch er beschäftigte
sich nur angelegentlich mit dem Bereitlegen von Wollhand-
schuhen und Fäustlingen für uns beide.

Eine Stunde später befanden wir uns auf einem dick gefro-
renen See. Davon, liebe Leserin und lieber Leser, gibt es im
Januar in Suomi mehr als einen. Jetzt denkt natürlich jeder,
der schon mal was von Eisangeln gehört hat, Matti habe
mich zu dieser finnischen Ganzwinter-Massenhysterieveran-

staltung mitgeschleift. Mitnichten! Diese Sportart, bei der ein an einer Angelschnur befestigter Haken durch ein Eisloch im Seewasser unter der Eisdecke gebadet wird, war ausnahmsweise nicht Mattis Ziel. Auch, wenn Eisangeln für jeden »normalen« Finnen (wieso habe ich das jetzt eigentlich in Anführungszeichen gesetzt? Na, ist ja egal) den Lebensinhalt seiner Wintertage darstellt. Eisangeln dient übrigens meiner Einschätzung nach dazu, die Fische daran zu erinnern, dass sie im Sommer wieder »Gefahr schwimmen«, an Land gezogen zu werden. Matti meinte übrigens, dass die, die bei dieser Gelegenheit dann doch mal an den Haken gehen, seiner Meinung nach froh wären, aus dem kalten Wasser in die warme Bratpfanne zu kommen. – Ich sagte ja schon an anderer Stelle in diesem Buch, dass finnische Witze ohne Ausnahme »Brüller« darstellen ...

Also, wir waren nicht zum Eisangeln unterwegs, sondern: zum Traktorrennen. Jawohl, ihr Lieben, Finnen veranstalten an kalten, dunklen Wintertagen Oldtimer-Traktorrennen auf zugefrorenen Seen. Das Ganze, ich muss es zugeben, hat seine Faszination und seinen Reiz. Über 90 Meter muss versucht werden, den Traktor so schnell wie möglich zu beschleunigen. Das ist bei der herrschenden Eisesglätte gar nicht so einfach, und die »Piloten« vollbringen wahre Meisterstücke. Das Schönste an der ganzen Geschichte allerdings war, dass wir bei unserer Rückkehr nach Hause eine völlig durchfrorene Päivi antrafen, mit ziemlich viel Frust im Bauch: Die Heizung war ausgefallen, und es hatte mehrere Stunden gedauert, bis der Notdienst erschienen war und die Sache behoben hatte. Ich muss ehrlich sagen, dass ich mich eines dezenten Grinsens nicht enthalten konnte. Matti und ich verschwanden rasch in der Sauna, die gottlob wieder funktionierte und lachten uns halb schief.

Aktiver wie auch passiver Sport ist, wie ich hoffentlich kurz darstellen konnte, für die Finnen von erheblicher Bedeutung und wird mit wenigen Ausnahmen mit Ernst, aber auch mit viel Humor und Spaß an der Freud' betrieben und diskutiert. Es lohnt sich auf jeden Fall, an einer der etablierten oder auch der ausgefallenen Sportveranstaltungen als Aktiver oder als Zuschauer teilzunehmen. Sie werden unvergessliche Erlebnisse mit nach Hause nehmen und bestimmt neue Bekanntschaften schließen können.

Das Wichtigste in Kürze

1. einige Vokabeln

hyvä	gut
päivä	Tag
ralli	Rallye
saapas	Stiefel
heitto	Wurf
liitto	Verein, Verband
suo	Sumpf
jalka	Fuß
pallo	Ball
akka	Frau, Weib
kanto	Tragen (Substantiv) auch: Baumstumpf
rosvo	Räuber
lapikas	speziell geformter Lederstiefel, der in Lappland gefertigt und getragen wird

2. einige Sprachregeln

»saapas« heißt »Stiefel«. Dieser Nominativ Singular verändert sich hinsichtlich seiner Schreibweise stark im Genetiv Singular, wie er bei der im Text angeführten finnischen Bezeichnung des »Gummistiefelweitwurf-Bundes« benutzt wird: »saapas« wird dabei zu »saappaan«.

Für diese für Ausländer wirklich schwierigen unterschiedlichen Schreibweisen der Wörter im Finnischen, je nach Kasus, gibt es selbstverständlich genaue grammatikalische Regeln. Für die Zwecke des vorliegenden Buches reicht jedoch die nicht weiter kommentierte Aufführung der obigen Form mit Sicherheit aus. Neben diversen Büchern, Kassetten und CD zum Erlernen der finnischen Sprache, die Sie in jeder guten Buchhandlung erhalten können, bietet die sehr aktive Deutsch-Finnische-Gesellschaft (DFG) auch Sprachkurse in verschiedenen deutschen Orten an. Nähere Informationen finden Sie im Internet unter www.dfg.portal.de.

3. und einige (nicht ganz ernst gemeinte) Verhaltenstipps

Bezweifle niemals die Größe oder Menge der von einem Finnen beim Eisangeln erbeuteten Fische. Schon deutsche Angler werden dich nie mehr grüßen und registrieren, wenn du Misstrauen gegenüber den von ihnen gemachten Angaben bezüglich ihrer Angelausbeute zeigst. In Finnland läufst du bei derartigen Äußerungen Gefahr, des Landes verwiesen, zumindest jedoch beim nächsten Saunagang bei 140 Grad kleingekocht zu werden!

Diese Empfehlung gilt übrigens sinngemäß für folgende finnische Größen- und Mengenangaben:

Menge der im Herbst gesammelten Beeren und Pilze, Menge der eingefrorenen und/oder eingekochten Früchte, Menge des gehackten Holzes für die Sauna etc., Schnelligkeit des Außenbordmotors beim hauseigenen Boot, Langsamkeit des Außenborders beim Boot des Nachbarn, Höhe, Umfang, Anzahl der Bäume auf dem Sommerhausgrundstück, Niedrigste Wassertemperatur im See, bei der gebadet wurde, Höchste Wassertemperatur im See, bei der gebadet wurde, Anzahl der Sonnentage im letzten Sommer. Und im vorletzten. Tiefste Temperatur im letzten Winter. Und im vorletzten. Schwere und Umfang der mit eigener Hand auf dem Grundstück bewegten Felsen, und tausend andere Dinge ...

Äußere stets deine feste Überzeugung, dass finnische Sportler niemals dopen. Etwaige Doping-Vorwürfe sind grundsätzlich erfunden und/oder von Schweden lanciert. Oder von Russen. Oder von Deutschen. Oder von irgendjemandem sonst, der gerade in dem zur Debatte stehenden Wettkampf Zweiter hinter den Finnen geworden ist.

Wo ist die Klingel? - Missä on ovikello?

Da stand ich nun. Weit gereist – von unserem Sommerhaus ins sog. Kirchdorf (finnisch: kirkonkylä; die Wörter kennen Sie: kirkko und kylä), also etwa zwanzig Kilometer. Hatte mich extra schick angezogen, mit sauberen Jeans (der einzigen Hose, die ich dabei hatte), einem frischen Hemd (dem einzigen Hemd, das ich dabei hatte). Hatte saubere Strümpfe ohne Löcher an (sehr wichtig, da es nach wie vor in Finnland comme il faut ist, die Schuhe beim Betreten der Wohnung auszuziehen!) – das allerdings war nicht das einzige Paar Strümpfe, das ich dabei hatte. Und trug die eleganten Lederschuhe an den Füßen (das wiederum einzige Paar Schuhe, das ich dabei hatte, neben den Gummistiefeln).

Was ich nicht dabei hatte: mein Handy. Jenes in Finnland offenbar unentbehrliche kännykkä. Das lag selig verträumt im kesämökki (»Sommerhäuschen«; auch diese Wörter sind Ihnen schon bekannt: kesä und mökki) auf dem Nachttisch. Verzweiflung bemächtigte sich meiner. Die Zeiger meiner Uhr wanderten unaufhaltsam auf die abendliche Acht (sprich zwanzig Uhr), und ich stand da, verloren wie ein von Mutter und Vater verlassenes Kind. »Warum«, fragt sich jetzt sicherlich die leicht genervte Leserin, der möglicherweise ebenso genervte Leser, »warum jammert dieser unmögliche Schreiberling uns die Ohren voll, dass er in Finnland um kurz vor Acht in einem Dorf rumsteht?! Wir wollen mehr über Finnland, Finnen und finnisches Leben erfahren und nicht einen Schriftsteller bedauern! Zumal wir nicht mal wissen, aus welchem Grund er jammert!«

Ach, Ihr trotz Eurer Ungeduld immer noch Lieben: Ich habe es doch schon gesagt. Mein Handy war im Sommerhaus.

Und so stand ich da und konnte nicht anrufen. Wen ich anrufen wollte? Na, Mirkko und Tuula selbstverständlich, bei denen ich zum abendlichen Essen und Plauschen eingeladen war, und die bestimmt schon auf mich warteten. Und ich stand hier auf dem Hof vor ihrem Mehrfamilienhaus, elegant gekleidet, zumindest für finnische Sommerzeiten, und konnte nicht rein!! Die Eingangstür war zu und blieb zu. Ich konnte zwar ins Treppenhaus blicken, die Stufen bis zum ersten Treppenabsatz zählen, es waren genau neun, aber das half kein Stück dazu, ins Haus zu kommen.

Ja, und jetzt höre ich natürlich den weisen Ratschlag: »Dann klingel doch, damit sie Dich rein lassen, Mensch!« Hat sich was mit »klingeln«! Haben Sie schon mal in Finnland an irgendeinem Hauseingang einen Schellenknopf gesehen? Eben nicht!! Diese – wie man als treuherziger Mitteleuropäer mit harmlosem Gemüt denken könnte – durchaus sinnvolle Errungenschaft hat sich leider im Land des rasanten technologischen Fortschritts nicht etablieren können. Jedenfalls nicht auf dem »platten Land«. Wie es in den großen Wohnhochhäusern in Helsinki heutigentags aussieht, vermag ich nicht zu sagen. Ich habe übrigens in der damaligen Situation mir den Eingang »erkämpft«, indem ich – da mein Rufen nicht gehört wurde – einige Kilogramm Kieselsteine gegen das Wohnzimmerfenster von Mirkko und Tuula im zweiten Stockwerk pfefferte. Dabei nahm ich bewusst die Gefahr in Kauf, dass das Fenster zu Bruch gehen könnte oder ich zumindest von einem der Mitbewohner wegen Hausfriedensbruchs verklagt würde. Ich hatte einfach Hunger!

Es ist mir schlicht schleierhaft, wie die Finnen zu früheren Zeiten dieses Problem gelöst haben, als es noch keine Handys gab. Damals konnte man ja die Wohnungsinhaber nicht so locker mal anrufen: »Hallo, wir stehen seit geraumer Zeit unten auf der Straße im Regen und würden sehr gerne ins Haus kommen.« Meine finnische Ehefrau meint dazu, die Finnen hätten sich eben damals einfach nicht besucht. Diese Erklärung scheint mir auch tatsächlich die einzig zutreffende zu sein. Dennoch kapiere ich nicht, wieso eine so simple Einrichtung wie eine Klingel nicht üblich ist – außer einer gelegentlich vorhandenen mechanischen Schelle an der eigentlichen Wohnungstür. Die lässt sich sinnvollerweise dann benutzen, wenn man schon im Inneren des Hauses angelangt ist ... Oh, Ihr genialen Finnen.

Mit Besuchen ist das sowieso so eine Sache in Finnland. Erinnern Sie sich an meine Irrfahrt zu Mattis neuem Sommerhausgrundstück, die ich Ihnen im Kapitel »Appetithäppchen« erzählte? So war auch ich – ja, ja – einmal ein junger Mann von achtzehn Jahren und damals zum zweiten Mal in Finnland unterwegs, allein und der Sprache nicht mächtig. Ich hatte Suomi per Schiff erreicht und reiste nun mit Linienbussen quer durchs Land weiter. Meine ständigen Begleiter: ein schwerer Rucksack sowie ein Koffer, der dem »Tornister« an Gewicht in nichts nachstand, sondern ihn noch deutlich übertraf. Mit finnischen Bekannten war aus der Ferne vereinbart worden, dass ich sie in Südfinnland in ihrem Sommerhaus am Meer einige Tage besuchen sollte. Herrlich! Ich kündigte mein entsprechendes Ankunftsdatum per Postkärtchen an, mit der Mitteilung, dass ich mit dem Bus von der etwa vierzig Kilometer entfernten Stadt eintrudeln werde. Das Sommerhaus kannte ich vom vorjährigen Besuch schon, und so erschien alles eigentlich klar.

Die Fahrt Richtung See war wunderschön, die Sonne strahlte vom Himmel, und der Sandweg von der Bushaltestelle zum

Sommerhaus »glühte«. Selten sind mir zwei Kilometer so lang vorgekommen wie damals, als ich mit meinem Gepäck in der schattenlosen Mittagshitze zum Sommerhaus marschierte! Ich war zwar etwas verwundert, weil mich Sirkka und Mauno nicht am Bus abgeholt hatten, aber das würde sich ja sicherlich in Kürze klären. Heute würde ich jedenfalls gemütlich in die Sauna gehen, schwimmen und anschließend einen erquicklichen Schlaf genießen.

Da leuchtete schon das mökki durch die Bäume; bestimmt hatte Sirkka ihr weitberühmtes pulla gebacken. Aber, Teufel nochmal: keiner da! Haus zu! Wo mögen sie den Schlüssel versteckt haben? Ich wusste, dass sie ihn irgendwohin legten. Aber wohin? Nur gut, dass an der Hauswand eine Art »Uhr« befestigt war, deren Zeiger auf: »Me olemme kohta kotona« (Deutsch: »Wir sind bald zu Hause«, »me olemme« = »wir sind«, »kohta« = »bald«, »koti« = »Heim«, wie bekannt) standen. »Kohta« und »koti« kannte ich damals als radebrechender Deutscher schon und konnte mir die Bedeutung dieses Textes zusammenreimen. Also war ich beruhigt: Das Warten konnte ja nicht lange dauern ...

Die Zeit verrann, es nahte der Abend, es war heiß, und am Himmel türmten sich die Gewitterwolken ... Keine Sirkka, kein Mauno in Sicht. In blutrotem Licht versank die Sonne und färbte die Wolken und die See mit unglaublich herrlichen Farben. Keine Sirkka. Und kein Mauno. Das Haus: zu. Die Sauna: zu. Mein Magen: leer. Meine Stimmung: am Boden. Und da: der erste Blitz, rollender Donner, dicke Regentropfen, zunehmend kühler, auffrischender Wind vom Meer her ...

Um es kurz zu machen: Ich verbrachte die gewitterdurchtobte (und wer einmal Gewitter in Finnland in der Natur erlebt hat, weiß, wovon ich rede ...) Nacht auf der etwa 1,20 Meter breiten, überdachten Terrasse des Sommerhauses. Eingegraben, soweit möglich, in einen alten, segeltuchbespannten Holzliegestuhl, zugedeckt mit einem Bade- und Handtuch aus meinem Koffer. Es regnete in Strömen, bei jedem Donnerschlag zitterte das gesamte mökki, ich weiß nicht, war es wegen des Gewitters oder wegen meiner Ängste. Vermutlich eher wegen der letzteren. Am nächsten Morgen wankte ich ungefrühstückt mit Rucksack und Koffer zurück zur Bushaltestelle. Dort gab es einen Mini-Lebensmittelladen, dessen Besitzer mich Sirkka und Mauno von seinem Telefon aus anrufen ließ, nachdem ich ihm, mit Händen und Füßen redend, meine Situation geschildert hatte. Die Lösung des Rätsels: Die beiden hatten meine auf Deutsch geschriebene Karte falsch interpretiert und in der Stadt auf mich gewartet. Auch sie hatten also eine unruhige Nacht verbracht, weil ich nicht bei ihnen aufgetaucht war.

Die Sorgen habe ich ihnen aber im Nachhinein so richtig von Herzen gegönnt (na ja, natürlich nicht wirklich!), als Mauno mir gleichmütig erklärte: »Ach, die Uhr! Die stellen wir immer auf ‚Wir sind bald zu Hause', damit ein Einbrecher nicht weiß, wann wir wiederkommen.« So sind sie, die Finnen ... Eine Klingel gab's am Sommerhaus übrigens auch nicht. Aber da gehört ja auch keine hin, gebe ich zu ...

Bei Ihren Touren durch das weitläufige Suomi mit dem Auto oder dem Motorrad werden Ihnen neben zahlreichen anderen Dingen am Straßenrand des Öfteren kleine Schilder in Herzform auffallen, die da auf Stöckchen o. ä. in den Boden gesteckt sind. Meist finden Sie darauf noch irgendwelche Buchstaben, zum Beispiel T & J (das könnte die Abkürzung für »Tarja und Janne« sein) oder M & M (zum Beispiel für

»Marja und Mikko«). Diese Herzchen haben NICHT die Bedeutung, dass sie zu irgendeinem Liebesnest führen. Nein, liebe Leserin, lieber Leser, wir befinden uns im hochanständigen Finnland, in dem Sex höchstens in Pornozeitschriften stattfindet. Wobei allerdings in jedem Kiosk in schöner Offenheit ausliegt, was bei uns nur unter der Ladentheke gehandelt wird ... Doch das nur als Randnotiz. Nein, die Herzchen leiten die Gäste zur Hochzeit des betreffenden Paares, die irgendwo in der Pampa, beispielsweise in einem abgelegenen ehemaligen Pfarrhaus oder einem verwunschenen kartano (erinnern Sie sich, was das ist?), über die Bühne geht. Es soll schon gemeine Rivalen gegeben haben, die sich um die Braut betrogen fühlten. Um ihrem erfolgreicheren Nebenbuhler eins auszuwischen, steckten sie daher die Schildchen um ... Womit die Hochzeitsgesellschaft deutlich kleiner ausfiel, als von Braut und Bräutigam geplant. Ja, auch in Finnland gibt es rachsüchtige Menschen und blüht Eifersucht.

Witziger Weise hat mein Ihnen schon bekannter Freund Matti mir mal erzählt, dass er sowas bei einem Verwandten erlebt hat. Der war – laut Matti – aber gar nicht unglücklich darüber, dass so wenige Gäste erschienen. Er, die Braut, die beiderseitigen Eltern und die wenigen anwesenden Gäste hatten nämlich so bedeutend mehr von den Essens- und vor allem Alkoholvorräten, die zur Feier des Tages an Ort und Stelle deponiert worden waren. Ehrlich gesagt habe ich den leisen Verdacht, falls die Geschichte auf Wahrheit beruht, dass mein lieber Matti die Schildchen selbst umarrangiert hatte ... Aus seiner Erzählung ging nämlich hervor, dass er bei der Feier anwesend war. Er konnte sich zwar nicht mehr genau an das Ende der Feierlichkeiten erinnern, wohl aber daran, dass alkoholmäßig kein Mangel bestand, zumal er damals als Notreserve einige Kanister pontikka im Kofferraum mitgebracht hatte.

Ich denke, hier ist jetzt auch eine gute Gelegenheit, Ihnen endlich zu verraten, was der schon ziemlich am Anfang dieses Buches erwähnte und jetzt wieder von Matti ins Spiel gebrachte »pontikka« ist. Dazu muss man wissen, dass Finnland erstens ein staatliches Alkoholmonopol hat und zweitens alkoholhaltige Getränke dort früher um ein Vielfaches teurer waren als sie heute sind. Und sie sind immer noch teuer genug.

Wie allüberall, so auch in Finnland: Ohne Schnaps ist das Leben für manch einen nur halb so lustig. Und so bewirkte das Alkoholmonopol schon bald, dass die schlauen Finnen ihr technisches Wissen über das Schwarzbrennen von Schnaps entdeckten und zunehmend ausbauten ... Pontikka wurde meist aus vilja (deutsch: Getreide, Korn) oder peruna (deutsch: Kartoffel) hergestellt, die mit sokeri (Zucker) zur Gärung angesetzt wurden. Dieses Gebräu erhielt, wie ich von – Sie ahnen es – Matti, einem der unzähligen finnischen Fachleute auf diesem Gebiet, erfuhr, viele weitere Bezeichnungen: »Ponu« als Abkürzung lässt sich auch mit schwerer Zunge noch so verständlich lallen, dass jeder weiß, was gemeint ist. Weitere Namen für dieses Gesöff sind laut Matti: »ponantsa« (in Anspielung auf die bekannte »Bonanza«-Ranch), »kotipolttoinen« (zu Deutsch etwa »Zuhausegebranntes«), »korpiroju«, »korpikuusen kyyneleet«, »tuliliemi« oder im Schwedisch sprechenden Finnland »moscha«. Dieses »moscha« ist, so erläuterte mir mein Oberspezialist Matti, der neben anderen Sprachen auch fließend Schwedisch und Englisch spricht, eine Verballhornung der im englischsprachigen Raum üblichen Bezeichnung »Moonshine« für schwarz hergestellten Schnaps. Wie unschwer zu ersehen, kennt Matti sich auf diesem Gebiet recht gut aus.

Pontikka war, da illegal produziert, stets mit dem Ruch des Verbotenen und der Gefahr verbunden. Manch ein Finne mag beim (oft wohl eher zweifelhaften) Genuss dieses von Matti »hyvää bensaa« (»gutes Benzin«) genannten Getränkes schon seinen Hals in der Hanfschlinge des Galgens gesehen haben ... Was verständlich macht, dass er dem pontikka umso mehr zusprechen musste, um dieses bedrohliche Bild aus dem Kopf zu bekommen. Damit etwaige Gesetzeshüter oder auch der versoffene Nachbar die pontikka-Vorräte nicht so leicht finden konnten, wurden die diversen Behältnisse meist – nach Meinung des Besitzers – möglichst gründlich versteckt. Dabei scheint allerdings die Phantasie für geeignete Verstecke in vielen Fällen recht eingeschränkt gewesen zu sein. Denn in der Regel lag das Zeug unter dem Holzstapel für die Sauna. Was zur Folge hatte, dass ggf. suchende Polizisten es fanden. Und das wiederum hatte laut Matti nicht selten das Ergebnis, dass die Ordnungshüter durchaus angeheitert zurück ins Büro kamen ... Andererseits kam es wohl auch vor, dass erst die Enkel beim Umbau des ererbten Sommerhauses die pontikka-Lager ihres Opas entdeckten, weil der das Getränk so gut versteckt hatte, dass er es selbst nicht wiederfand. Ich selbst habe übrigens noch vor wenigen Jahren beim Pilzsuchen im nahen Wald bei unserem Sommerhaus zufällig in einem hohlen Baumstumpf zwar keinen pontikka, aber mehrere ungeöffnete Flaschen Bier gefunden. Das phantasiere ich mir nicht zusammen, sondern das entspricht der Wahrheit! Noch heute bedaure ich, dass ich die Flaschen da liegen ließ ...

Sie können also sehen, liebe Lescrinnen und Leser, dass man

beim Pilzsammeln in finnischen Wäldern auch völlig unerwartete Entdeckungen machen kann, neben kantarelleja (Pfifferlingen, »kantarelli« = »Pfifferling«), herkkutateja (Steinpilzen, »herkkutatti« = »Steinpilz«, »herkku« = »Delikatesse«, »tatti« = »Pilz«, wobei »sieni« die allgemeine Bezeichnung für »Pilz« ist) und den überall herumschwirrenden Schnaken, Elchfliegen und anderen Stechtieren. Und in diesem Zusammenhang gehört ein ausnahmsweise mal nicht witzig gemeinter Rat: In Waldgebieten, die selten betreten werden, wie beispielsweise auf Inseln, empfiehlt sich ganz ernsthaft das Tragen von Gummistiefeln. Denn dort können sich durchaus Kreuzottern herumschlängeln. Sollten Sie bei solchen Gelegenheiten von finnischen Freunden begleitet werden, so erschrecken Sie bitte nicht: Mit ziemlicher Sicherheit werden die beim Betreten des Waldes anfangen, energisch auf den Boden zu stampfen. Keine Angst! Es handelt sich dabei nicht um eine Art von Veitstanz oder einen Beschwörungsritus für möglichst ergiebige Pilzmengen! Die Erschütterungen und das Geräusch sollen etwaige Schlangen vorwarnen und sie dazu bewegen, das Gebiet zu verlassen.

Bei den Fahrten durch die finnischen Landschaften werden Sie mit Gewissheit an heißen Sommertagen eine grandiose finnische Einrichtung schätzen lernen: das »uimaranta« (zu Deutsch: »Badestrand«, »uima« = »Schwimm-« in Zusammensetzungen, »ranta« = »Strand«, »Ufer«). Diese liebenswerte Einrichtung ist in Finnland üblich und erlaubt Ihnen und/oder Ihren Kindern das kostenfreie Baden an zahllosen Ufern der Binnenseen oder der Ostsee. Oftmals liegen diese Badestrände nur einen Steinwurf von der Straße entfernt, manchmal müssen Sie allerdings einige Kilometer fahren, bis Sie dort anlangen. Solche kostenlosen Schwimmmöglichkeiten sind in

Deutschland rar, und es ist in Suomi wirklich ein echter Hochgenuss, bei Sommerhitze in das saubere Wasser zu laufen oder von einem Sprungturm aus hineinzuplatschen. Folgen Sie einfach den Schildern mit der entsprechenden Aufschrift. Und erfreuen Sie sich an dieser lobenswerten finnischen Art, nicht – wie bei uns üblich – jede Wasserfläche zum Privatbesitz zu erklären. In Deutschland ist es ja gang und gäbe, die Ufer noch des kleinsten Weihers mit einem Campingplatz zu verunstalten. Dort stehen dann die Wohnwagen dicht an dicht, die Mini-Grünflächen sind per Jägerzaun abgeschottet und mit Gartenzwergen dekoriert. Das Ganze wird nochmals eingezäunt, und es wird Eintritt verlangt, wenn man ans Ufer möchte. Stimmt das etwa nicht? Es ist so!

Ruhen Sie sich also aus, wenn es Ihnen während Ihrer Rundfahrt durch die beeindruckende finnische Landschaft zu heiß wird, kühlen Sie sich im frischen Wasser ab, lassen Sie die Kinder sich austoben, und genießen Sie dies alles ohne den Rummel südlicher Strände, ohne Radiogedudel – und ohne Eintrittskosten. In einem Land, das seine Bürgerinnen und Bürger sowie seine Besucherinnen und Besucher noch erleben lässt, dass Natur allen gehört.

Das Wichtigste in Kürze

1. einige Vokabeln

kohta	bald
vilja	Getreide, Korn
peruna	Kartoffel
kantarelli	Pfifferling

herkkutatti	Steinpilz
herkku	Delikatesse
tatti	Pilz (speziell Röhrenpilz)
sieni	Pilz (als allgemeine Bezeichnung)
uima	Schwimm- (in Zusammensetzungen)
ranta	Strand, Ufer

2. einige Sprachregeln

Die finnische Sprache kennt keine »Zukunft« (»Futur«). Obwohl ich ihr und den Finnen eine glückliche Zukunft wünsche! Im vorliegenden Text kann man das am Beispiel der Sommerhaus-»Uhr« verdeutlichen, die an Sirkkas und Maunos mökki angebracht war. Die Zeiger standen auf »Me olemme kohta kotona«: »Wir sind bald zu Hause«. Im Deutschen könnten wir auch sagen: »Wir werden bald zu Hause sein« und im Englischen ebenfalls: »We will be home soon«. Die Finnen jedoch leben offenbar zu sehr in der Gegenwart und können in ihrer Sprache solche zukünftigen Handlungen oder Ereignisse nur so ausdrücken, als fänden sie soeben statt. Geht aber offensichtlich auch ohne Probleme!

Apropos grammatikalische Zeiten:

Im Kapitel »Ost-Finnland: Geschichte und Geschichtchen« habe ich Ihnen das Verb »olla« = »sein« vorgestellt, und zwar seine Formen im Präsens. Da es im Prinzip ganz einfach ist, möchte ich Ihnen jetzt noch kurz die Formen von »olla« im Imperfekt zeigen.

minä olin	ich war
sinä olit	du warst
hän oli	er, sie war
se oli	es war

me olimme	wir waren
te olitte	ihr oder Sie waren
he olivat	sie waren (bei Personen)
ne olivat	sie waren (bei Sachen und Tieren)

Ist doch nicht so schwierig, finde ich.

3. und einige (nicht ganz ernst gemeinte) Verhaltenstipps

Notieren Sie sich sicherheitshalber immer die Telefonnummer Ihrer finnischen Gastgeber, falls Sie zu einem abendlichen Stelldichein eingeladen werden sollten. Und vergessen Sie Ihr Handy nicht. Die Gründe liegen auf der Hand und sind Ihnen geläufig, sofern Sie das obige Kapitel gelesen haben.

Sollte Ihnen bei irgendeiner Gelegenheit mal pontikka angeboten werden, genießen Sie ihn mit gebührender Vorsicht. In der Regel könnte man das Gesöff auch »Rachenputzer« nennen. Rein prozentual gesehen bewegt sich der Alkoholgehalt meist auf Level 60 der »nach oben offenen Richterskala« – zumindest könnte es sein, dass Sie nach dem Genuss das Gefühl haben, sich im Epizentrum eines Erdbebens dieser Stärke zu befinden.

Schlangenfleisch kann wirklich außerordentlich lecker schmecken, zart und saftig (das ist die Wahrheit, ich habe es schon mit Wohlbehagen gegessen. Zwar nicht in Finnland, aber in China). Dennoch sollten Sie es beim Durchstreifen der finnischen Wildnis nicht unbedingt darauf anlegen, dort Kreuzottern für Ihren Kochtopf zu sammeln. Im Zweifelsfall ist die Kreuzotter schneller und aufgeweckter als Sie! Seien Sie daher vorsichtig und tragen Sie Gummistiefel, wenn Sie abgelegene Waldstücke aufsuchen. Dieser Rat ist ernst gemeint.

Epilog, oder wie es auf Finnisch heißt: epilogi

Noch tausend andere Anekdoten und Kuriositäten, Hinweise und Anmerkungen, aber auch liebens- und bewunderungswürdige Erlebnisse und Fakten über Finnland und seine Menschen gäbe es zu berichten:

Die Tatsache, dass schon seit Jahren samstags dort keine Post mehr zugestellt wird, beispielsweise. Und die Menschen ebenso wie die Unternehmen und Behörden damit ganz gut zu Recht kommen. Den Fakt, dass Deutschland sich ein Beispiel an der räumlichen, personal- und bestandsmäßigen Ausstattung der finnischen Büchereien nehmen sollte, die auch in kleinen Gemeinden unvergleichlich besser ist als bei uns in größeren Städten. Und in denen man – kleiner Tipp, der mal wichtig für Sie sein kann – in der Regel kostenlos ins Internet gehen kann.

Das Erlebnis, dass ich selten so etwas Anrührendes gesehen habe wie die kleinen Schnee-»Iglus«, die die Angehörigen insbesondere um Weihnachten herum auf den finnischen Friedhöfen aus Schneebällen bauen, und die mittels einer Kerze in ihrem Inneren durch die dunkle Winternacht leuchten: ein Symbol dafür, dass gerade in der Dunkelheit das Licht besonders tröstlich erscheint. Erzählen könnte ich auch von dem kleinen »iltatori« (»Abendmarkt«, »ilta« = »Abend«), der nur ein- oder zweimal im Sommer im abgelegenen Dörfchen stattfindet, und zu dem alle Bewohner erscheinen. Wo es Fischsuppe gibt, frisch gebackenes Bauernbrot, einen Stand des örtlichen Veteranen-Vereins und einen »Streichelzoo« für die Kinder, mit zwei Häschen, einer Katze und einem Hund sowie einem Schaf. Und das war's.

Oder von Holzflößen, die man auch heutzutage noch auf

den Wassern sehen kann. Von Luchsen, Bibern und Waschbären in den Wäldern. Vom Klang der finnischen Zither, dem sog. »kantele«. Aber auch von so ernsten Dingen wie dem brutalen Krieg zwischen Roten und Weißen Anfang des vergangenen Jahrhunderts.

Möglicherweise werde ich in einem weiteren Buch über diese und andere Dinge schreiben. Mal sehen ...

Doch soll jetzt erst einmal genug sein, was auf den vorliegenden Seiten über dieses aufregende, herrliche, seltsame, einzigartige und geliebte Land und seine Menschen geschrieben steht. Ich hoffe, es hat Ihnen gefallen und in Ihnen die Lust geweckt, sich alles einmal selbst vor Ort anzuschauen. Wenn das gelungen ist, hat dieses Buch seinen Zweck erfüllt.

Ihr

Eberhard Apffelstaedt

Vokabelverzeichnis Finnisch-Deutsch

akka	Frau, Weib
ale	Kurzwort von »alennus«
alennus	Rabatt, Preissenkung
ampiainen	Wespe
anteeksi	Entschuldigung
apteekki	Apotheke
asema	Bahnhof
baari	Selbstbedienungs-Restaurant
enkeli	Engel
eno	Onkel (von Mutters Seite her)
Etelä-Suomi	Südfinnland
hämähäkki	Spinne
hän	er, sie
hassu	lustig
he	sie (Plural)
heitto	Wurf
herkku	Delikatesse
herkkutatti	Steinpilz
herne	Erbse
herneitä	Erbsen
hirvi	Elch
humala	Hopfen
humalassa	wörtlich: im Hopfen, sinngemäß: »im Alkohol schwimmend« oder kurz »besoffen«
hyvä	gut
ilta	Abend

isä	Vater
itikka	Stechmücke, Schnake, in Südfinnland auch als »hyttynen« bezeichnet
ja	und
jää	Eis
jääkiekko	Eishockey
jääpallo	Eishockey (wörtlich: Eisball)
jalka	Fuß
järvi	See (der See, nicht die See!)
joki	Fluss
joulu	Weihnachten
joulupukki	Weihnachtsmann
Juhannus	Mittsommertag
juna	Zug
juoru	Klatsch, Tratsch
juusto	Käse
kaalikääryle	Kohlroulade
kaksi	zwei
kala	Fisch
kalja	eine Art Malzgetränk oder Dünnbier
kananmuna	Hühnerei
kännykkä	Handy, Mobiltelefon
kanttarelli	Pfifferling
kanto	Tragen (Substantiv) auch: Baumstumpf
kappa	altes Hohlmaß, aus Holz gefertigt, fasst fünf Liter
kapteeni	Kapitän
kärpänen	Fliege
kärpäset	Fliegen
kartano	Gutshof, Rittergut

katu	Straße
kaupunki	Stadt
keitto	Suppe
kerma	Sahne
kesä	Sommer
kesäkeitto	Sommersuppe
	(aus frischem Gemüse, oft mit
	Milch und sehr schmackhaft)
Keski-Suomi	Mittelfinnland
keskus	Zentrum
kettu	Fuchs
kiekko	Puck
kieli	Sprache, Zunge
-kielinen	-sprachig
kiitos	Danke
kirkko	Kirche
kirppu	Floh
kohta	bald
koira	Hund
kone	Maschine
kortteli	Häuserblock, Viertel, Quartier
korva	Ohr
koski	Stromschnelle
koti	Heim
kukko	Hahn
kunta	Gemeinde
kuuma	heiß
kylä	Dorf
kyllä	Ja
kylmä	kalt
lääkäri	Arzt
lääkäripäivystys	ärztlicher Bereitschaftsdienst
lahja	Geschenk

lämmin	warm
lapikas	speziell geformter Lederstiefel, der in Lappland gefertigt und getragen wird
lehti	Blatt, Zeitung
leipä	Brot
lento	Flug
lentokone	Flugzeug
liha	Fleisch
liikenne	Verkehr
liitto	Verein, Verband
linja-auto	Omnibus, Bus
linna	Burg
lippu	Zettel (auch »Fahne, Flagge«)
litra	Liter
lounas	Lunch
löyly	Aufguss in der Sauna
luostari	Kloster
maa	Land, Boden, Erde
maailma	Welt
maakunta	Provinz, Landschaft
makasiini	Magazin, Lager
mäki	Hügel
makkara	Wurst
mansikka	Erdbeere
matka	Reise, Fahrt
matkalippu	Fahrkarte
me	wir
mielenkiintoinen	interessant
miksi?	warum?
minä	ich
missä?	wo?
mitä?	was?

mitta	Maß
mökki	Hütte, Kate, von den Finnen speziell als Bezeichnung für ihr Sommerhaus benutzt.
moottori	Motor
moottoritie	Autobahn, Schnellstraße
muikku	Maräne
muikkuja	Maränen (Partitiv Plural)
mummo, mummi	Oma, Omi
munkki	Mönch, aber auch das Gebäck »Berliner« oder »Kreppel«
museo	Museum
musta	schwarz
muurahainen	Ameise
myyrä	Wühlmaus
näkemiin	Auf Wiedersehen
nakki	kleine Knackwürstchen
nälkä	Hunger
napa	Nabel
napapiiri	Polarkreis
ne	sie (Plural, bei Sachen oder Tieren)
niemi	Halbinsel
niin	so, wie
nukkua	schlafen
nuotio	Lagerfeuer
Olavi	Olaf
olla	sein
olut	Bier
omena	Apfel
on	ist (Grundform: olla = sein)

outo	fremdartig, komisch, seltsam
paarma	Bremse (das Tierchen, nicht die Fahrzeugbremse)
päivä	Tag
paja	Werkstatt, Schmiede
pallo	Ball
palvelu	Dienst
palveluliikenne	»Öffentlicher Verkehr«
pankki	Bank
peili	Spiegel (»pe-ili« gesprochen!)
perkele	Teufel
peruna	Kartoffel
pieni	klein (als Adjektiv)
piika	Magd
piiri	Kreis, Zirkel, Zone
pikku	klein (als Kompositum)
pikkujoulu	»Klein-Weihnachten«
Pohjois-Suomi	Nordfinnland
poika	Junge, Sohn
posti	Post
potku	Tritt, Fußtritt, Stoß
potkuri	eigentlich: Propeller, bezeichnet jedoch im Alltag den im Text beschriebenen Schlitten
puisto	Park
pukki	Bock
pulla	in Kombination mit liha: Fleischklößchen, sonst: süße Hefeteilchen
punkki	Zecke
puu	Holz, Baum
puukko	finnisches Jagdmesser
pyhä	heilig

ralli	Rallye
ranta	Strand, Ufer
rauta	Eisen
rautatie	Eisenbahn
rautatieasema	Bahnhof
ravintola	Restaurant
renki	Knecht
rosvo	Räuber
saapas	Stiefel
sähkö	Elektrizität, Strom
satama	Hafen
se	es (wird auch in Bezug auf Tiere benutzt)
seitsemäskymmenesosa	Siebzigstel
setä	Onkel (von Vaters Seite her)
sieni	Pilz (als allgemeine Bezeichnung)
siksi	darum
sinä	du
sininen	blau
suo	Sumpf
Suomi	Finnland
suudelma	Kuss (umgangssprachlich: »pusu«)
taivas	Himmel
tapahtuma	Ereignis, »event«
tatti	Pilz (speziell Röhrenpilz)
tavaton	ungewöhnlich
te	ihr und Sie
tervetuloa Suomeen	wörtlich: willkommen nach Finnland, sinngemäß: willkommen in Finnland
tervetuloa	willkommen

terveys	Gesundheit
terveyskeskus	Gesundheitszentrum
tie	Weg
tieto	Wissen
tietokone	Computer (Wissensmaschine)
tonttu	Wichtel, speziell Weihnachtswichtel
tori	Markt, Marktplatz
tunturi	Hochfläche, Hochebene
uima	Schwimm- (in Zusammensetzungen)
uusi	neu
valkoinen	weiß
valtio	Staat
vanha	alt
varsinainen	eigentlich
vasta, auch vihta	Bündel aus Birkenzweigen zum Gebrauch in der Sauna
väsynyt	müde
vessa	umgangssprachlich WC oder Toilette
vieras	fremd
vilja	Getreide, Korn
voi perkele	Au weh, Teufel, Teufel nochmal...
voi	Butter
voi, voi!	oh je, oh je! (als Ausruf)
voileipä	Butterbrot

Vokabelverzeichnis Deutsch-Finnisch

Abend	ilta
alt	vanha
Ameise	muurahainen
Apfel	omena
Apotheke	apteekki
Arzt	lääkäri
Au weh, Teufel, Teufel nochmal	voi perkele
Auf Wiedersehen	näkemiin
Aufguss (in der Sauna)	löyly
Autobahn	moottoritie
(auch: »Schnellstraße«)	
Bahnhof	asema
Bahnhof (Eisenbahn)	rautatieasema
bald	kohta
Ball	pallo
Bank	pankki
Baum	puu (auch: »Holz«)
Baumstumpf	kanto (auch »Tragen«)
Bereitschaftsdienst, ärztlicher	lääkäripäivystys
Berliner (das Gebäck)	munkki
(bedeutet aber auch »Mönch«)	
betrunken	humalassa
(wörtlich: im Hopfen,	
sinngemäß:»im Alkohol	
schwimmend« oder kurz »besoffen«)	
Bier	olut
Blatt	lehti
blau	sininen
Bock	pukki
Boden (auch: »Erde, Land«)	maa

Bremse (das Tierchen, nicht die Fahrzeugbremse)	paarma
Brot	leipä
Bündel aus Birkenzweigen (zum Gebrauch in der Sauna)	vasta, auch vihta
Burg	linna
Bus	linja-auto
Butter	voi
Butterbrot	voileipä
Computer (Wissensmaschine)	tietokone
Danke	kiitos
darum	siksi
Delikatesse	herkku
Dienst	palvelu
Dorf	kylä
du	sinä
Dünnbier (Art Malzgetränk)	kalja
eigenartig (auch: »fremdartig«, »seltsam«)	outo
eigentlich	varsinainen
Eis	jää
Eisen	rauta
Eisenbahn	rautatie
Eishockey (wörtlich: Eisball)	jääkiekko, jääpallo
Elch	hirvi
Elektrizität	sähkö
Engel	enkeli
Entschuldigung	anteeksi
er (auch »sie«)	hän
Erbse	herne

Erbsen	herneitä
Erdbeere	mansikka
Erde (auch: »Land, Boden«)	maa
Ereignis	apahtuma
es (auch in Bezug auf Tiere)	se
event	tapahtuma
Fahne (auch »Zettel«)	lippu
Fahrkarte	matkalippu
Fahrt (auch: »Reise«)	matka
Finnland	Suomi
Fisch	kala
Flagge (auch »Zettel«)	lippu
Fleisch	liha
Fleischklößchen	pulla
(auch: süße Hefeteilchen)	
Fliege	kärpänen
Fliegen	kärpäset
Floh	kirppu
Flug	lento
Flugzeug	lentokone
Fluss	joki
Frau	akka
fremd	vieras
fremdartig	outo
(auch: »eigenartig, seltsam«)	
Fuchs	kettu
Fuß	jalka
Fußtritt	potku
(auch: »Tritt, Stoß«)	
Gemeinde	kunta
Geschenk	lahja
Gesundheit	terveys

Gesundheitszentrum	terveyskeskus
Getreide, Korn	vilja
gut	hyvä
Gutshof	kartano
Hafen	satama
Hahn	kukko
Halbinsel	niemi
Handy	kännykkä
Häuserblock	kortteli
Hefeteilchen	pulla
(auch Fleischklößchen)	
heilig	pyhä
Heim	koti
heiß	kuuma
Himmel	taivas
Hochebene (auch: »Hochfläche«)	tunturi
Hochfläche (auch: »Hochebene«)	tunturi
Hohlmaß, aus Holz gefertigt,	
fasst fünf Liter	kappa
Holz (auch: »Baum«)	puu
Hopfen	humala
Hügel	mäki
Hühnerei	kananmuna
Hund	koira
Hunger	nälkä
Hütte (von den Finnen spezielle	mökki
Bezeichnung für ihr Sommerhaus)	
ich	minä
ihr (auch »Sie«)	te
interessant	mielenkiintoinen
ist (Grundform: olla = sein)	on

Ja	kyllä
Jagdmesser	puukko
Junge (auch: »Sohn«)	poika
kalt	kylmä
Kapitän	kapteeni
Kartoffel	peruna
Käse	juusto
Kirche	kirkko
Klatsch	juoru
klein (als Adjektiv)	pieni
klein (als Kompositum)	pikku
Klein-Weihnachten	pikkujoulu
Kloster	luostari
Knackwürstchen	nakki
Knecht	renki
Kohlroulade	kaalikääryle
Kreis (auch: »Zirkel, Zone«)	piiri
Kreppel	munkki
(bedeutet aber auch »Mönch«)	
Kuss	suudelma (umgangs-sprachlich: »pusu«)
Lager (auch: »Magazin«)	makasiini
Lagerfeuer	nuotio
Land (auch: »Erde, Boden«)	maa
Landschaft (auch: »Provinz«)	maakunta
Lederstiefel, in Lappland gefertigt und getragen	lapikas
Liter	litra
Lunch	lounas
lustig	hassu
Magazin (auch: »Lager«)	makasiini

Magd	piika
Maräne	muikku
Maränen (Partitiv Plural)	muikkuja
Markt	tori
Marktplatz	tori
Maschine	kone
Maß	mitta
Mittelfinnland	Keski-Suomi
Mittsommertag	Juhannus
Mobiltelefon	kännykkä
Mönch (aber auch das Gebäck »Berliner« oder »Kreppel«)	munkki
Motor	moottori
müde	väsynyt
Museum	museo
Nabel	napa
neu	uusi
Nordfinnland	Pohjois-Suomi
oh je, oh je! (als Ausruf)	voi, voi!
Ohr	korva
Olaf	Olavi
Oma, Omi	mummo, mummi
Omnibus	linja-auto
Onkel (von Mutters Seite her)	eno
Onkel (von Vaters Seite her)	setä
Park	puisto
Pfifferling	kanttarelli
Pilz (als allgemeine Bezeichnung)	sieni
Pilz (speziell Röhrenpilz)	tatti
Polarkreis	napapiiri
Post	posti

Preissenkung	alennus (Kurzwort: ale)
Provinz (auch: »Landschaft«)	maakunta
Puck	kiekko
Quartier (Häuser-)	kortteli
Rabatt	alennus (Kurzwort: ale)
Rallye	ralli
Räuber	rosvo
Reise (auch: »Fahrt«)	matka
Restaurant	ravintola
Rittergut	kartano
Sahne	kerma
schlafen	nukkua
Schmiede (auch: »Werkstatt«)	paja
Schnake	itikka
(in Südfinnland auch als	
»hyttynen« bezeichnet)	
Schnellstraße (auch: »Autobahn«)	moottoritie
schwarz	musta
Schwimm- (in Zusammensetzungen)	uima
See (der See, nicht die See!)	järvi
sein	olla
Selbstbedienungs-Restaurant	baari
seltsam	outo
(auch »eigenartig, fremdartig«)	
sie (Plural, bei Sachen oder Tieren)	ne
sie (Plura, bei Personen)	he
sie (weibliche Form)	hän (auch »er«)
Sie	te (auch »ihr«)
Siebzigstel	seitsemäskymmenesosa
Sitzschlitten	potkuri
(eigentlich: Propeller, bezeichnet	

jedoch im Alltag den im Text beschriebenen Schlitten)	
so	niin
Sohn (auch: »Junge«)	poika
Sommer	kesä
Sommersuppe (aus frischem Gemüse, oft mit Milch und sehr schmackhaft)	kesäkeitto
Spiegel	peili (»pe-ili« gesprochen!)
Spinne	hämähäkki
Sprache (auch: »Zunge«)	kieli
-sprachig	-kielinen
Staat	valtio
Stadt	kaupunki
Stechmücke (in Südfinnland auch als »hyttynen« bezeichnet)	itikka
Steinpilz	herkkutatti
Stiefel	saapas
Stoß (auch: »Tritt, Fußtritt«)	potku
Strand (auch: »Ufer«)	ranta
Straße	katu
Stromschnelle	koski
Südfinnland	Etelä-Suomi
Sumpf	suo
Suppe	keitto
Tag	päivä
Teufel	perkele
Toilette (umgangssprachlich)	vessa
Tragen (Substantiv) (auch »Baumstumpf«)	kanto
Tratsch	juoru

Tritt (auch: »Fußtritt, Stoß«)	potku
Ufer (auch »Strand«)	ranta
und	ja
ungewöhnlich	tavaton
Vater	isä
Verband (Organisationsform)	liitto
Verein	liitto
Verkehr	liikenne
Verkehr, öffentlicher	palveluliikenne
Viertel (Häuser-)	kortteli
warm	lämmin
warum?	miksi?
was?	mitä?
WC (umgangssprachlich)	vessa
Weg	tie
Weib	akka
Weihnachten	joulu
Weihnachtsmann	joulupukki
weiß	valkoinen
Welt	maailma
Werkstatt (auch: »Schmiede«)	paja
Wespe	ampiainen
Wichtel,	
speziell Weihnachtswichtel	tonttu
willkommen	tervetuloa
wir	me
Wissen	tieto
wo?	missä?
Wühlmaus	myyrä
Wurf	heitto
Wurst	makkara

Zecke	punkki
Zeitung	lehti
Zentrum	keskus
Zettel (auch »Fahne, Flagge«)	lippu
Zirkel (auch: »Kreis, Zone«)	piiri
Zone (auch: »Kreis, Zirkel«)	piiri
Zug	juna
Zunge (auch: »Sprache«)	kieli
zwei	kaksi

Ausstieg nach Finnland
Ein etwas anderer Neubeginn   Luzie Hahn

Luzie Hahn, in Norddeutschland aufgewachsen, hängt die gesicherte Position einer Amtstierärztin an den Nagel und wagt einen kompletten Ausstieg nach Finnland. Ausgerechnet in ein Holzhäuschen am Waldrand, an der Peripherie eines Dorfes irgendwo in Nordkarelien führt ihr selbstgewählter Weg. Ein Alltag ohne Auto, ohne Telefon und andere Annehmlichkeiten.

Luzie Hahn erzählt von ihrem Aufbruch und den Ereignissen des ersten Winters in ihrer kleinen, schweigsamen Welt rund um Haus und Garten. Sie stellt sich den Herausforderungen und der Faszination von Kälte, Dunkelheit und Stille, erlebt erste Annäherungen an die Einheimischen. Nicht zuletzt geht es der Autorin um eine Auseinandersetzung mit sich selbst, ihren Widersprüchen, Ängsten, Erwartungen zwischen selbstgewählter Isolation und Suche nach Nähe. Luzie Hahn präsentiert sich dem Leser als Erzählerin mit Humor und Selbstironie und dem Mut, sich selbst in Frage zu stellen und verletzbar zu zeigen, aber auch zuweilen kantig und störrisch. Nicht zuletzt erweist sie sich als feinsinnige Beobachterin der Natur.

ISBN 978-3-937507-12-5 · Taschenbuch · 228 Seiten

Heiner Labonde Verlag & Mediakontor
w w w . l a b o n d e - v e r l a g . d e